中国科协 教育部 "英才计划"项目

SHUXUE ZHIWAI YU SHUXUE ZHINEI III

数学之外与数学之内 III

田 刚 吴宗敏 主编

復旦大學出版社
www.fudanpress.com.cn

内容提要

数学之外是指数学从哪里来？数学又要到哪里去？数学之内就是要回答数学是什么？是指数学学科内部各学科方向之间的关联与侧重，以及数学学科内部的关键问题。

本书为中国科学技术协会和教育部"英才计划"数学工作委员会编辑的科普类读物，是"英才计划"数学工作委员会在多次调研的基础上，听取了参加"英才计划"的学生及教师的建议，邀请工作委员会的成员及部分特邀著名高校的教授撰写的。与中学数学那样按部就班地灌输知识不同，本书是作者按照自己的思路，想写什么就写什么，其目的是提出并讨论数学的对外联系及数学的根本问题，将数学教育从答题、知识点教育扩展到问题来源及应用前景的分析与展望；特别是对数学根本问题的探索与讨论，从中学开始了解解决根本问题的思想和方法，以提高学生的创新能力以及对数学根本问题的兴趣与好奇心。

传统的中学数学教育的特征是配方式的"细粮饲料"、填鸭式的喂养灌输，缺少"粗粮"与"杂粮"。本书只是数学学习生活的调料，以增加新思想的味道；只是餐余，以增加产生新思想的肥料，其特征就是——杂。希望这本书可以给吃惯"细粮"的同学，品尝一点"粗粮"与"杂粮"，以补充中学数学学习的营养单一性，让读者自己去发现它们之间的关系。

前　言

　　数学之外是指数学是从哪儿来的？数学又要到哪里去？

　　数学之内就是要回答数学是什么？是指数学学科内部各学科方向之间的关联与侧重，以及数学学科内部的关键问题。

　　这些都是数学的根本问题，当然这本小书也不可能回答全部的这类问题，有的可能永远都找不到答案，因为问题以及答案本身都是与时俱进的。但是，问问题比找答案更重要，找答案的过程比答案本身更重要。对问题的探索过程实际上就是人类对世界认识的发展过程，就是人类思维的发展过程。对于数学，与其他学科不同的是，它还要解决对问题探索的科学规范问题，也就是对找问题答案过程的科学规范。一句话，就是理性的、严密的、系统的逻辑规范。

　　学数学已经超过 50 年了，研究数学也已经超过 30 年。经常有人问我"什么是数学？""什么是数学的基本问题？"这也正是我一直在问我自己的问题。很多人认为，希尔伯特 23 个问题，千禧年问题，谁谁的猜想，是数学的根本问题。我的回答是：不错！但这些只是数学现时的内部问题，而有些内部问题可以说在数学内部已经是不可能解决的了。

　　我认为数学与哲学、宗教及其他科学类别一样，如同本文的开篇,最基本的问题都是要回答:世界是什么?我们从哪里来?要到哪里去?事实上,这也是任何学科的根本问题。不过,有些学科更加具体,如物理研究力是什么?磁场是什么?化学研究碳是什么?水是什么?它们会变成什么?是钻石还是煤炭?是不可燃烧的液体,还是可以燃烧的两种气体?爱因斯坦从小到大的兴趣就是想知道:光是什么,光速是什么?光是从哪儿来的?莫奈放弃了银行家的工作,就是想问:绘画究竟是要干什么?究竟要表现什么?这些基本问题永远不会脱离:这种东西(对象)是什么?它们从哪里来?又会到哪里去?任何科学问题、任何社会问题,甚至任何问题,都可以简单表述为:这是什么?它们怎么会是这样的?又会变成什么样的?这好像也是任何一个小孩刚懂事时经常问的问题。可见,每个人都是带着佛心而来,而是被家长的"哪有那么多的为什么"、老师的"这么简单的问题,你都不懂啊"给埋没了。所以,保持童真,保持好奇心,保持喜欢问为什么,是孩提时期想着将来要成为数学家,想着将来要成为科学家,甚至想着将来要干成任何大事业者的基本素养,而且是本质的素养。事实上,想要成为大数学家、大科学家、大学问家,往往取决于你能不能不受外界的干扰而保持这份童真的时间长度。我认识一些老科学家,就发现他们有一些共性,就是对任何新事物都有极强的好奇心、极强的求知欲、极其风趣幽默。从另一种角度看,他们到老了还一直是贪玩的老小孩、老顽童。不过他们不是被玩具所左右,而是玩出与别人不一样的名堂来。我的孩子就问过我:你每天研究数学有什么乐趣?我的回答是:"你喜欢玩电子游戏吧?你喜欢在玩电子游戏中比别人先通过一些关卡吧?如果你在世界上第一个通过这个别人通不了的关卡,你会有什么感觉?"希望有这么一本书,是参加"英才计划"的学生们提出来的。大家都在批评应试教育,大家都看到应试教育扼杀了创新能力。原因很简单,就是应试教育告诉你,你只要学,你只要记,你只要记住解题的步骤。你不用去问,这题是从哪儿来的?解了这题有什么用?人变成了知识的存储器,但人脑的存储量还比不过一个 U 盘。我们都知道,如果高考允许上网,那么,一个学会网上查询的操作员,肯定也可以得到高分。但这样永远培养不出一个思想家,数学也就退化成为算术。

既然数学与其他学科一样,要解决一样的问题,那么,数学有什么特别之处呢?数学要超越这种具体对象的具体问题,而且更加抽象,更加着重于研究过程的逻辑性、系统性与演绎性。不是只凭印象,不是只凭臆测,不是只凭经验。数学需要将经验提升为普遍适用的理论,并且要指出这种理论结果的适用范围。更加重要的是,通过数学之内的矛盾可以演绎到数学之外。数学的研究论文一般都是从假设开始的,如果怎样,那么就会怎样。即使是猜测,也要告诉别人,这个猜测的可信度是多少。

许多人认为搞文科的一般数学差些,而搞数学的一般文科差些。我认为这是非常不全面的。我认识许多大数学家,他们都是多才多能的。许多孩子都读过《爱丽丝漫游奇境记》吧,而其著者就是一位数学家。苏步青先生爱写诗,王元先生爱书法。一些大数学家、一些数学教育大家往往认为理科教育要强化文科,是搞通识教育的积极倡导者。复旦大学的李大潜院士就说过:"一个好的数学家都是带有几分诗人气质的。"什么叫诗人气质,诗人气质就是不受羁绊,就是自由思想,就是要把自己的灵魂放飞到天外去看世界。是的,数学有许多规则,解数学题有许多套路,但是,你如果被规则与套路束缚,就不可能做出超越前人的研究工作。如果你是套路的高手,那么,你可能成为能工巧匠,可以成为一个好会计,甚至是好的金融家,但不可能成为数学思想家。李大潜院士在《光明日报》倡导"中学数学教育应注重人文内涵",认为数学教育的根本是要让学生明白:①数学知识的来龙去脉;②数学的精神实质与思想方法;③数学的人文内涵。王元院士也认为"所谓创新,一定是前人没有想到的,没有做到的",

他曾在《光明日报》发表题为"靠老师手把手地教,一定教不出创新人才"的文章,建议读者可以去读一下,会有很大的启发。

在我的研究生教学生活中,很多学生会要求我给他们一个研究问题,然后过了一段时间会问我怎么解这个问题。有些学生到了研究生阶段,基本上还是如同在中学阶段,只会做习题。简单来说,缺乏创新的能力。所以,对新进的研究生我总是会告诉他们:最顶尖的科学家是自己发现、提出问题,并且自己解决问题。一个顶尖科学家首先是能够发现和提出问题,其次才是找到解决问题的途径。解决先人提出的著名问题,固然很好,但更重要的是在解决先人著名问题的同时,能提出新的问题。而有些关键的问题是应该从小就开始问了。通常基础的问题、从基础问起的问题,才是关键的问题、颠覆性的问题、真正创新的问题。爱因斯坦从小就喜欢光线,可以长时间地看着太阳,问自己:"什么是光?"黎曼、罗巴切夫斯基就是一直问自己:"数学的公理基础是什么?"

由于工作的关系,经常有人找我,说解决了诸如三等分角的问题,文章只有3页纸,希望我推荐发表,当然最终目标是帮助他们出名。这个问题在数学上是已经解决了的问题,答案是不可能用圆规、直尺三等分任何给定的角。当然其背后是一整套的伽罗瓦理论。数学上证明解的不存在性是更为困难的问题,而这也是数学的魅力所在。我就告诉他们:三等分角问题为什么会有名的原因,正是背后的伽罗瓦理论;如果三等分角问题可以用3页纸解决,就比两等分角稍微难一点,那么,这个问题根本就不会那么著名了。谁会记得:是谁第一个用圆规、直尺做出两等分角的人?不是三等分角问题使得伽罗瓦出了名,而是伽罗瓦使得三等分角问题出了名。

现在是一个创新的年代,可能大家会认为,数学,特别是中学的数学,或者可以到大学的高等数学范畴,已经没有什么可以创新的了。中学数学已经经过几千年的发展,又经过几百年的系统化、现代化,用高等数学的语言说,已经是完备的。事实果真如此吗? 在教授中学数学时只需要灌输,只是教师灌输的水平不同吗? 怎么在教授中学数学的同时培养学生的质疑精神——这一科学的基本精神呢? 只要看数学的发展! 如果中学数学已经完备了,那么,大学数学又是从哪儿来的? 现代数学呢? 伟大的数学家希尔伯特(David Hilbert, 1862—1943)在第二届国际数学家大会上曾经做过一个著名的报告,提出了23个问题,并且认为这是数学的可以说全部的剩余问题。他在报告的结束语中说:"如果我们足够聪敏,可能可以在100年内解决所有这些问题。"现在100年过去了,离开这些问题的全部解决还遥遥无期。事实上,在希尔伯特提出23个问题后4年,在第三届国际数学家大会上,另一位伟大的数学家——哥德尔(Kurt Godel, 1906—1978),就用数学证明了"任何系统都不可能是封闭的",而且它的根本问题往往在其根本上。在中学教授学生数学,这没有什么可以质疑的,学生只要记住就行,不可能跑出数学之外。但对基础数学问题的深入研究也一定会引出新的数学问题,一定会跑出数学之外,成为数学的新的学科生长点。事实上,数学的这种内部的矛盾在数学产生时就已经写在数学的DNA中,是与生俱来的。我们就是应该从数学的产生开始质疑。

数学到现在已经是一个庞大的系统。从另一方面看,它由两部分组成:一部分是数学知识,一部分是数学文化。课堂里教的是数学知识,但并不是知识越多就越有文化。文化是需要去体验、去发掘、去融入的。

为了给沉闷的灌输式的中学数学教育加一点"调料",在参加"英才计划"的学生及导师的建议下,我们有了编写这么一本书的想法,于是,邀请了一些大学的数学老师,编写这么一本《数学之外与数学之内》。与中学数学那样按部就班地灌输知识不同,著者想写什么就写什么,可以写数学之内的知识,也可以写数学之外的管窥。传统的中学数学教育的特征是配方式的"细粮饲料",填鸭式的喂养灌输,缺少"粗粮"与"杂粮"。这本书只是"调料",以增加新思想的"味道";只是"餐余",以增加产生新思想的"肥料",特征就是——杂。希望这本书可以给吃惯"细粮"的同学品尝一点"粗粮"与"杂粮",以补充营养的单一性。书中的文章是按照文章题目顺序编排,以便让读者自己去发现它们之间的关系。我一直认为,我们现在的数学课本编写得太好了:哪里是重点,哪里是小结,剥夺了学生自己找出内容的主题和关联性的训练。我在刚进大学时,老师教我的就是:读懂一本书就是能把厚书读薄的能力,简单地说,就是自己去整理出脉络、列出提纲、找到主题。读完一本书就是要问自己:如果现在把这本书烧掉,你是否能够再把它写出来?我说的是写出来而不是背出来。因为背出来所需要的存储记忆的容量只需一个 U 盘就可以了,在这方面,U 盘比人的大脑能干得多;写出来不是逐字逐句的重现,而是思想的重现。作为前言,好像已经讲得太多了,而且现在很多人已经很少看书了,即使看书也很少看前言,所以就写这些,希望还是会有有心人从中获得一些什么东西。如果你读完了前言,那么,你就是这样的有心人,一定会从本书中获得你想要的东西。

复旦大学数学科学学院 吴宗敏

目 录

前言 1

一类数学与物理中的反问题　从击鼓辨形问题开始谈起
.... 陈　化　1
代际影响函数的数学模型 .... 吴宗敏　20
代数几何的指路明灯　极小模型纲领 .... 陈　猛　28
代数学简介 .... 彭联刚　35
哈恩-巴拿赫延拓定理　打开无穷维空间大门的钥匙
.... 郭坤宇　53
分形几何简介 .... 阮火军　68
什么是计算数学？ .... 汤　涛　82
偏微分方程　一门揭示宇宙奥秘、改变世界面貌的科学
.... 李大潜　87
自然界中的生物节律与建模调控 .... 秦伯辉　林　伟　97
第一个数学模型 .... 吴宗敏　107
数学内外 .... 田　刚　117
谁持彩练当空舞 .... 吴宗敏　150

新型冠状病毒的传播与数学的思考　数据挖掘就是从不确定
　　的甚至是虚假的数据中挖掘出真相 ·························· 吴宗敏　158
因果溯源　数学物理反问题的研究 ··············· 程　晋　江　渝　167
运筹学 ·· 谈之奕　176
组合数学简介 ·· 冯荣权　202

一类数学与物理中的反问题
从击鼓辨形问题开始谈起

一、前言

大家应该有这样的经历:如果你假期外出郊游,恰好途经栽种瓜果蔬菜的大棚基地(就是用竹篾和钢管把塑料薄膜固定在菜地上做成的大棚子,在里面栽种各种瓜果和蔬菜,通过保持大棚内的湿度和温度,以保持里面栽种的瓜果蔬菜有好的生长条件,现在这种技术已经非常普及,能够给广大城镇居民的生活需要带来很大便利),相信大家应该有这样的经验:当你途经大棚时,如果正好有较大的风,那么,你会听到撑起大棚的薄膜会随风振动并发出各种奇妙的声音,而这种声音会随着风力的大小而不断地变化!

若用数学来解释这种现象,我们可以把薄膜视为平面上的一个区域 Ω(见图 1)。

当受到外力作用时,所产生的振动在时刻 t,其位移函数 $u(t,x)$ 满足如下的波动方程:

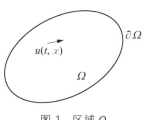

图 1 区域 Ω

$$\frac{\partial^2 u}{\partial t^2} = \frac{\partial^2 u}{\partial x_1^2} + \frac{\partial^2 u}{\partial x_2^2}, \ x=(x_1, x_2) \in \Omega, t>0。 \quad (1)$$

这时由于薄膜的边界是固定不动的,故而在 $x \in \Omega$ 时,$u=0$。

为了求解这类具有零边值条件的方程,在数学物理上有一个非常便利的方法,叫做"分离变量法"(也就是去求所谓的驻波解(stationary solution),它是基于数学物理中的"叠加原理"),即令 $u(t, x) = \psi(t) \cdot \varphi(x)$,也就是把解 $u(t, x)$ 写成变量 t 和 x 可以分离开的两个函数 $\psi(t)$ 和 $\varphi(x)$ 的乘积,再代入原方程(1),可以推出

$$\frac{\Delta \varphi}{\varphi} = \frac{\psi_{tt}}{\psi}, 这里 \Delta \varphi = \frac{\partial^2 \varphi}{\partial x_1^2} + \frac{\partial^2 \varphi}{\partial x_2^2}, \psi_{tt} = \frac{\partial^2 \psi}{\partial t^2}。$$

由于以上的方程左端仅依赖于变量 x,而右端仅依赖于变量 t,这个方程要想成立,就只能在其两端都等于一个相同的常数才行,即存在常数 $\lambda > 0$,使得

$$\frac{\Delta \varphi}{\varphi} = \frac{\psi_{tt}}{\psi} = -\lambda。 \quad (2)$$

所以,得到 $u(t, x) = \sin(\sqrt{\lambda} t) \cdot \varphi(x)$,$\varphi(x)$ 满足

$$\begin{cases} -\Delta \varphi = \lambda \varphi, & x \in \Omega, \\ \varphi = 0, & x \in \partial \Omega \end{cases} \quad (3)$$

的非零解,正弦函数 $\psi(t) = \sin(\sqrt{\lambda} t)$ 满足方程 $\psi_{tt} + \lambda \psi = 0$。

在数学上,$\Delta = \frac{\partial^2}{\partial x_1^2} + \frac{\partial^2}{\partial x_2^2}$ 称为拉普拉斯(Laplace,1749—1827,见图 2)算子,问题(3)称为拉普拉斯算子的特征值问题。用数学的方法我们可以证明:特征值问题(3)存在无穷多个特征值 $\lambda =$

图 2 拉普拉斯

λ_k, $k = 1, 2, \cdots$, 并且这些特征值是离散的(也就是每个特征值至多只有有限的重数),可以按照各自的大小以及有限的重数,排列成如下一个单调增加的数列:

$$0 < \lambda_1 \leqslant \lambda_2 \leqslant \cdots \leqslant \lambda_k \leqslant \cdots,$$

并且当 $k \to +\infty$ 时,$\lambda_k \to +\infty$。

其中特征值 $\{\lambda_k\}_{k \geqslant 1}$,物理学家称之为"谱"(spectrum)。对每一个特征值 λ_k,波动方程(1)的第 k 个驻波解为

$$u_k(t, x) = \sin(\sqrt{\lambda_k} t) \varphi_k(x), \tag{4}$$

其中 $\varphi_k(x)$ 为特征值问题(3)对应于特征值 λ_k 的非零解,称为对应于特征值 λ_k 的特征函数。所有的特征函数 $\{\varphi_k(x)\}_{k \geqslant 1}$ 构成求解拉普拉斯算子的特征值问题(3)的求解空间 $H_0^1(\Omega)$ 的一组标准基底(这是一类经典的索伯列夫空间,关于它的介绍有兴趣的同学可以去查阅相关的文献)。函数空间 $H_0^1(\Omega)$ 是无穷维的空间,这组基底的元素在函数空间的意义下也是彼此垂直,并且长度为1。同时,对每一个函数 $f \in H_0^1(\Omega)$,均可将其唯一地表示为 $f(x) = \sum_{k=1}^{\infty} a_k \varphi_k(x)$,其中系数 a_k 为 $f(x)$ 对应于基底中特征函数 $\varphi_k(x)$ 的坐标。

在表达式(4)中,驻波解 $u_k(t, x)$ 表示一种基本的波形,这个波形是由 $\varphi_k(x)$ 的图形随着依赖于时间 t 而变化的振幅函数的变动而成,这种振幅函数随着频率 $\frac{\sqrt{\lambda_k}}{2\pi}$ 呈现周期性振荡。所以,特征值 λ_k 相应于所发出来的单音的频率,而波动方程(1)的经典解可以由具备这些特性的驻波解叠加而得,也就是一般的声音可以由这些不同频率的单音叠加组合而成。用音乐家的语言,这里第一特征值 λ_1 称为"基音"(fundamental tone),对 $k \geqslant 2$,频率 λ_k 统称为"泛音"

(overtones)。

数学家常把这个区域 Ω 称为一面"鼓"(drum),也就是音乐家手中的"乐器",而特征值 $\{\lambda_k\}_{k\geq 1}$ 为这面鼓发出的声音的频率。所以,音乐家手中的乐器发出来的"合音",实际上是这个乐器所产生的单音的叠加组合。

科学家很早就发现,这面鼓 Ω 发出的声音的频率 $\{\lambda_k\}_{k\geq 1}$ 与这面鼓的几何形状密切相关,用数学的语言就是说:鼓 Ω 的一些几何量,是由谱 $\{\lambda_k\}_{k\geq 1}$ 来完全决定的。这些几何量在数学上被称为"谱不变量",也叫"几何谱不变量"。这方面的故事我们接下来慢慢讲。

二、击鼓辨形,你真的拥有一对"神奇"的耳朵吗?

在历史上,最早观察到鼓 Ω 的几何量由谱 $\{\lambda_k\}_{k\geq 1}$ 唯一决定的科学家是著名的荷兰物理学家 H·A·洛伦兹(H. A. Lorentz,1853—1928,见图3)。他是1902年诺贝尔物理学奖得主,在电磁学理论中做出杰出的奠基性工作。这个故事的起因还要提到历史上著名的"民科"数学家、法国律师皮埃尔·德·费马(Pierre de Fermat,1601—1665,见图4)。费马一生酷爱数学,他在1637年提出了他那个最著名的猜想(数学上称为"Fermat's last theorem",在中国叫做"费马大定理"),即:$x^n + y^n = z^n$,当 $n > 3$ 时,没有整数解。他本人当时正在图书馆看一本丢番图(Diophantus)的《算术》拉丁文译本,就在第11卷第8命题的旁边写下了他的这个猜想,并且在书上他写道:"我想到了一个绝妙的证明,但这本书的空白处太小了,我写不下。"有关费马大定理的证明,这里面的故事太多了,这个问题一直困惑了数学家350多年,直到1995年(也就是358年之后),才由美国普林斯顿大学的英籍数学家安德鲁·怀尔斯(Andrew Wiles)证明。

图3　洛伦兹　　　　　图4　费马

这个故事与我们现在讲的主题有什么关系呢？这是因为到了20世纪初，又出现了一个与我们的主题故事有关的人物，德国人沃尔夫·斯凯尔(Paul Wolfskehl，1856—1906，见图5)。他当时是一位企业家，赚了很多钱，也是一位数学业余爱好者。当时他为情所困，所爱的姑娘又拒绝了他，他一时想不开，竟然想到"要为情而自杀"。他计划在一天凌晨开枪结束自己的生命，所以，在头一天晚上，他按照计划先整理该交待的所有事项，并写下一封诀别信。做完这些事情，他一看时间才到晚上10点钟，还能干点其他事情来打发这剩下的最后两个小时。于是，这位先生随手翻开自己平时非常喜爱的一本数学期刊，找到其中的一篇论文开始读起来。这篇文章正好是库默尔(Ernst Eduard Kummer，1810—1893，见图6)的，在文章中库默尔详细地解释了当年柯西和拉梅关于费马大定理的证明到底错在哪里。在读这篇文章的过程中，沃尔夫·斯凯尔发现库默尔文章的证明里面有一处错误，他想重新证明，把库默尔文章中的证明纠正过来。于是，他拿出纸和笔，开始在桌上计算起来。他越写越兴奋，完全沉浸在数学的海洋里，根本忘记了自己原本是要"自杀"的……时间过得很快，不知不觉中几个小时过去了，沃尔夫·斯凯尔终于完成

图 5　沃尔夫·斯凯尔　　　图 6　库默尔

了自己的证明,修正了库默尔文章中的这个"漏洞"。他抬头一看,天已经亮了,原定的自杀时间早已经过去。这时沃尔夫·斯凯尔突然意识到,自己原来所计划的"要为情而自杀"的想法是多么愚蠢!数学又是多么美妙!费马大定理是多么吸引人!自己能活着是多么好!他放弃了"自杀"的计划,烧毁了诀别信,他认为在这个关键的时刻是"费马大定理"拯救了他的生命。于是,沃尔夫·斯凯尔后来修改了自己的遗嘱,他把自己的全部财产,约 10 万马克,捐给哥廷根皇家科学院,用来设立一个奖项,奖励给第一个证明费马大定理的数学家。这个奖项从 1908 年设立开始,期限是 100 年,直到 2007 年截止。

当时这 10 万马克的奖金相当于约 200 万美元,可以说是一笔巨款。到了 1995 年,怀尔斯证明了费马大定理,得到了这 10 万马克奖金,但这时 10 万马克已经贬值到 5 万欧元左右,也就是不到 6 万美元了。

1909 年,德国哥廷根大学著名数学家希尔伯特(见图 7),于 1900 年在巴黎第二届国际数学家大会的演讲中提出了 23 个数学问题,对 20 世纪整个数学的发展产生了极大的推动作用。他向哥廷根皇家科学院建议,由于证明费马大定理还一时半会解决不了,这 10 万马克奖金巨款存在银行里,每年的利息是否可以资助他每年在哥廷根大学为研究生组织一次学术活动,他会邀请国际上著名的科学家来哥廷根给研究生授课,讲讲当前各个研究领域发展的前沿问题。按照现在的说法,也就是希尔伯特提议,利用为费马大定理的证明而设立的这个奖项的奖金存放在银行的利息,每年在哥廷根大学举办一次研究生的秋季讲习班,请当时国际上最好的老师来给研究生做前沿专题讲座。希尔伯特的建议后来得到批准,1909年秋季,他请的第一位来给研究生授课的老师是法国著名数学家亨利·庞加莱(Jules Henri Poincaré,1854—1912,见图8)。庞加莱的研究涉及数论、代数学、几何学、拓扑学、天体力学、数学物理、多复变函数论等多个领域,并做出许多重要的贡献。他于1904年提出的著名的"庞加莱猜想",直到2003年才被俄罗斯天才数学家佩雷尔曼证明。1910年秋季,希尔伯特请来给研究生授课的就是荷兰著名物理学家H·A·洛伦兹,他当时给研究生们演讲的题目是"物理科学中的数学问题"。洛伦兹一共讲了4次(他的演讲讲义原文是用德文发表的,后有英文翻译,在武汉大学的图书馆里可以找到)。在他的第三次演讲中,他提出自己最近在做电磁散射实验时,反复观测到这样一种现

图7　希尔伯特　　　　　图8　庞加莱

象：在"胞腔 Ω 内的电磁散射，其高频与胞腔 Ω 的体积大小是成比例关系的"，用数学的语言，也就是说："电磁散射的频率 $\{\lambda_k\}$，当 k 充分大时，可以决定 Ω 的体积 $|\Omega|$。"洛伦兹当时希望在座的数学家和研究生们，能有人给出一个严格的数学证明。当时这个问题对数学家来说太难了，以至于希尔伯特当时特别提醒大家，不要轻易去"碰"这样难的数学问题。希尔伯特当时还断言："在本人的有生之年，洛伦兹提出的这个问题不可能被数学家所证明！"希尔伯特万万没有想到，他的这个断言是"大错特错了"！当时坐在下面听洛伦兹讲课的人群中，有希尔伯特的一个年轻的博士研究生，H·外尔（Hermann Weyl，1885—1955，见图9）。他是希尔伯特最好的学生和接班人，在数学许多重要研究领域，包括微分方程、数学物理、函数论、拓扑学、微分几何和代数几何等，均做出重要贡献，被数学界公认为"数学上的最后一位全才"。他当时还不满25岁，被洛伦兹所提出的问题吸引住了。外尔用了一年的时间，在1911年给出洛伦兹所提问题的严格数学证明。外尔的结果用数学公式表示出来，即为

图9 外尔

$$\lambda_k \sim (2\pi)^2 |B_1|^{-\frac{2}{n}} \left(\frac{k}{|\Omega|}\right)^{\frac{2}{n}}, \text{当 } k \to +\infty \text{ 时}, \qquad (5)$$

其中 $\Omega \subset \mathbb{R}^n$（$n$ 维空间里的有界区域），$\{\lambda_k\}_{k \geqslant 1}$ 为对应的特征值，B_1 是 $\mathbb{R}^n$ 中的单位球（即半径为1的球），$|B_1|$ 是单位球的体积，$|\Omega|$ 是 Ω 的体积（当 $n=2$ 时，B_1 是单位圆盘，$|\Omega|$ 是 Ω 的面积）。记号"$\sim$"是渐近的意思，即指

$$\lim_{k\to +\infty} \frac{\lambda_k}{(2\pi)^2 |B_1|^{-\frac{2}{n}} \left(\frac{k}{|\Omega|}\right)^{\frac{2}{n}}} = 1。$$

在公式(5)中，$(2\pi)^2 |B_1|^{-\frac{2}{n}} \left(\frac{k}{|\Omega|}\right)^{\frac{2}{n}}$ 是特征值 λ_k 的渐近展开的第一项，也称为外尔项(Weyl term)，公式(5)称为外尔的特征值渐近公式，它清楚地表明：区域 Ω 的体积 $|\Omega|$，可以由特征值 $\{\lambda_k\}$ 所唯一地决定。而体积 $|\Omega|$ 是 Ω 的一个几何量，故我们称体积 $|\Omega|$ 是一个"几何谱不变量"，这正是当年 H·A·洛伦兹所需要的结果。外尔的这个结果 1912 年发表在当时国际上最重要的数学期刊之一——德国的《数学年刊》(Math. Ann.)上。

外尔的渐近公式告诉我们，如果你拥有一对非常灵敏的耳朵，可以听出一面鼓 Ω 所发出来的所有声音的频率 $\{\lambda_k\}$，那么，你就可以听出鼓 Ω 的体积 $|\Omega|$ 的大小出来！试想当你在音乐厅里仔细地凝听一位演奏者躲在幕布后面演奏乐器，如果你的耳朵非常"好使"，尽管你看不见演奏者使用的乐器是个什么"玩意"，但你却能听出来这个乐器的体积到底有多大！这种事情在数学物理上属于一类典型的反问题。做研究何为研究"正问题"，何为研究"反问题"？研究正问题是指你对该事物可以直接地观察测量并直接进行计算而得出结果。例如，研究一个物体的体积、一个曲面的面积、一段曲线的长度，等等，都可以直接去做、去计算，这是正问题的研究。若研究一个物体，你并不能直接地观测到它，你只知道一些有关它的间接的数据，那么，通过对这些间接的数据进行研究和分析，从而得到关于这个看不见的东西的你所需要的结论，这类研究就是反问题研究。例如，以上提到关于鼓 Ω 的体积，你不能直接测量出来，但你能够听到鼓 Ω 所发出的所有声音的频率，通过这些频率 $\{\lambda_k\}$，你可以得到 Ω 的体积 $|\Omega|$，这个问题就是反问题的研究。在实践中，我们会遇到大量反问题的例子，如探矿、石油勘探、金属探伤、医学上的 CT 和核磁共

振等。

外尔的第一项渐近公式告诉我们，Ω 的体积这个几何量是几何谱不变量，由此人们发现，原来鼓 Ω 发出的声音的频率（也就是特征值，或称为谱）$\{\lambda_k\}$ 和 Ω 的几何量是有关的。那么，到底 Ω 的哪些几何量可以由谱 $\{\lambda_k\}$ 来唯一决定？也就是说，Ω 的哪些几何量是所谓的几何谱不变量？从外尔的工作出发，在数学上逐渐形成了一个新的数学研究分支，称为"谱几何"。谱（也就是特征值）的研究与微分方程有关，也有很强的物理背景，属于分析学领域的研究范围，现在发现它又和几何以及拓扑学有关，所以，"谱几何"这个研究分支属于交叉学科，是分析学家、几何学家、拓扑学家以及物理学家等共同关心的问题。

三、还可以听出鼓 Ω 的其他几何量吗？

按照以上的叙述，我们假定在 $\mathbb{R}^n$ 中有两个"鼓"，Ω_1 和 Ω_2（见图10）。对应于 Ω_1 的谱是 $\{\lambda_k\}$，对应于 Ω_2 的谱是 $\{\mu_k\}$，则外尔关于谱的第一项渐近公式(5)证明了鼓的体积是几何谱不变量，是指：若 Ω_1 的谱 $\{\lambda_k\}$ 和 Ω_2 的谱 $\{\mu_k\}$ 是相同的，即 $\lambda_k = \mu_k$ 对所有的 $k \geqslant 1$ 均成立，则 Ω_1 和 Ω_2 的体积是相等的：$|\Omega_1| = |\Omega_2|$。那么，接下来还有哪些 Ω 的几何量是谱不变的呢？后来人们又发现除了鼓 Ω 的体积 $|\Omega|$ 外，鼓 Ω 的边界的面积 $|\partial \Omega|$ 也是几何谱不变量，也就是在上面

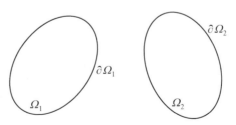

图10 区域 Ω_1 和 Ω_2

所提到的谱相同的条件下,还会有:$|\partial\Omega_1|=|\partial\Omega_2|$(即 Ω_1 和 Ω_2 的边界面积相等)。这个结果的证明,较之外尔当年那个关于体积是谱不变量的结论,数学家又花费了近 70 年的时间(这里也涉及许多著名数学家的工作),直到 1980 年才由美国麻省理工的梅尔罗斯(R. Melrose)以及俄罗斯的 V. Ivrii 这两位著名的分析学家分别独立地证明了。

除此之外,甚至鼓 Ω 上面是否有"洞"(或者裂纹),也是可以"听"出来的(可以由谱来决定)。这里涉及 Ω 的"连通分支数"这个拓扑几何量。Ω 上没有"洞",叫做单连通;有一个"洞",叫做双连通,依此类推。所以,Ω 上有多少个"洞",这涉及 Ω 的"连通分支数",它由谱来唯一决定。这些谱几何中关于几何谱不变量的研究,对实际中一些反问题的研究起到奠基性的作用。例如,在石油勘探中,人们通过向地下钻洞,然后把炸药放下去进行爆破,在地面接收爆破波反射上来的信号频率,再通过计算和分析整理,来判断地底下多深的什么方位会有石油。另外,人们要判断非常光滑的金属表面是否有裂纹,是通过一个能够发射超声波的仪器,打到金属表面上,再接收其反射回来的超声波,通过计算来判断该金属表面上是否有洞、有几个洞,这就是超声波探伤,其原理都在我们所讲的数学理论中。对人们健康非常重要的一些医用仪器设备,如 CT、核磁共振等,其原理的数学基础都在这里。

在数学上对谱几何的研究,后来主要发展为两条线:

(1) 研究特征值(也就是谱)的更为精确的渐近公式,去发现更多的 Ω 上的几何谱不变量。

(2) 研究等谱问题,也就是说,既然 Ω 上有多个几何量是谱不变的,那么,在几何上谱是否可以完全决定鼓 Ω,即当 Ω_1 与 Ω_2 的谱相等时,$\lambda_k = \mu_k$,$\forall k \geqslant 1$,我们是否可以找到一个数学上的等距同构映射,将 Ω_1 与 Ω_2 完全重合起来?

上面介绍的外尔的关于谱渐近的第一项渐近公式是在(1)这条

线最早的工作;而关于(2)这条线的等谱问题,讲起来又会有许多故事,这里就不再赘述了。要告诉大家的是,当鼓 Ω 的边界不是那么光滑时(数学上称为不是 C^1 光滑的),已经证明以上提到的等谱问题是不成立的,也就是存在平面上的两个区域 Ω_1 和 Ω_2,它们是等谱的,但不是等距同构的。这个工作是由美国华盛顿大学的两位数学家戈登(C. Gordon)和韦伯(D. Webb)以及以色列数学家沃尔伯特(S. Wolpert)完成的,他们合作的论文于 1992 年发表在国际顶级数学期刊德国的《数学新进展》(Invent. Math.)上。

在要结束这一部分时,还有一个故事值得给大家讲一下,也就是 H·外尔的开创性工作(即渐近公式(5))与量子力学的关系。众所周知,在外尔 1911 年完成他的开创性工作时,量子力学还没有产生(量子力学是在 1925 年才创立并开展起来的),但在早期量子力学的研究中,有一个很重要的结果,即索末菲量子化条件。简单地解释一下,也就是说,当粒子在 Ω 内运动时,其电子态的数目与相空间上

图 11　索末菲

的相应体积成正比。索末菲的量子化条件在量子力学的研究中起到非常重要的作用,但索末菲(Sommerfeld, 1868—1951,见图 11)本人当时是不知道在数学上有这么一个外尔的渐近公式的,当然数学家外尔也不可能知道索末菲在量子物理上的研究工作。在事隔 40 年后,有人突然发现,外尔 1911 年的数学渐近公式,与多年后物理学家索末菲在量子物理中所给出的索末菲量子化条件是完全一致的,也就是说,若把量子物理中的语言代入外尔当年的数学渐近公式,马上就可以推出索末菲的量子化条件。这件事在科学史上也被传为佳话,人们感叹大自然的和谐,以及在不同科学领域优美的研究工作是

殊途同归的。而数学正充分反映了这种和谐之美和艳丽多姿！数学家所创立的优秀数学成果，可能要在几十年甚至上百年后，人们才会在物理、化学、生物、医学、经济学等领域发现它的优美的应用。

四、惠特尼覆盖以及外尔的渐近公式的新证明

外尔当年在证明重要的渐近公式(5)时，数学上用到的工具正好是他的老师希尔伯特当时刚刚创立不久的奇异积分方程和希尔伯特空间理论。外尔用了相当长的篇幅（近 40 页纸）来证明他的结果。当然这个证明是非常难的，否则希尔伯特当时也不会断言在他的有生之年，不会有人能证明这个结果。

现在我们实际上可以用一种很简单直接的方法来证明外尔的渐近公式。这种事情在数学中经常发生，就是一个当年很难的数学问题，证明起来需要用到许多"重型"的数学工具才能成功，但事隔一段时间（或长或短）后，人们又会找到其他简单方法来给出新的证明。数学上讲究"首创性"，对取得数学成果荣誉的认定，还是要归功于那位最先证明此成果的人！

我们仅证明平面区域的情形，对更一般的高维区域，证明方法是相同的。设 $\Omega \subset \mathbb{R}^2$，为有界区域，其边界 $\partial\Omega$ 是光滑的。首先来构造 Ω 的惠特尼(Whitney)覆盖。

设 Q^k 为平面 $\mathbb{R}^2$ 上边长为 $b_k = 2^{-k} (k \geqslant 0)$ 的开的正方形（即不包含有 4 条边的正方形），包含 4 条边的正方形记为 $\overline{Q^k}$；对每一个 $k \geqslant 0$，我们从平面 $\mathbb{R}^2$ 的原点开始，可以用边长为 $b_k = 2^{-k}$ 的正方形来做 $\mathbb{R}^2$ 的惠特尼覆盖：

$$\mathbb{R}^2 = \bigcup_{\alpha \in \mathbb{Z}^2} \overline{Q_\alpha^k},$$

其中 $\mathbb{Z}^2 = \mathbb{Z} \times \mathbb{Z}$，$\mathbb{Z}$ 为整数集，$\alpha = (\alpha_1, \alpha_2) \in \mathbb{Z}^2$。

记

$$A_k = \{\alpha \in \mathbb{Z}^2 \mid Q_\alpha^k \subset \Omega\}, \ \Omega_k' = \bigcup_{\alpha \in A_k} Q_\alpha^k \subset \Omega;$$
$$B_k = \{\alpha \in \mathbb{Z}^2 \mid Q_\alpha^k \cap \Omega \neq \varnothing \ \text{同时} \ Q_\alpha^k \cap \partial\Omega \neq \varnothing\}, \ \Omega_k'' = \bigcup_{\alpha \in B_k} Q_\alpha^k,$$

则 $\Omega \subset \overline{\Omega_k'} \cup \overline{\Omega_k''}$，$\partial\Omega \subset \overline{\Omega_k''}$；$\Omega_k'$ 和 Ω_k'' 内的正方形就构成了 Ω 的惠特尼覆盖(见图 12)。

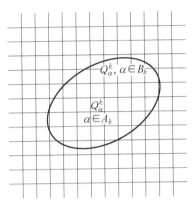

图 12　惠特尼覆盖

若记 $\sharp A_k$，$\sharp B_k$ 分别为 Ω_k' 和 Ω_k'' 内的正方形的数目,则因为 $\Omega \subset \mathbb{R}^2$ 是有界区域,边界 $\partial\Omega$ 是光滑的,则 Ω 的面积 $|\Omega|_2$ 以及边界的长度 $|\partial\Omega|_1$ 均为有限的。对 Ω_k' 的面积,有

$$|\Omega_k'|_2 = (\sharp A_k) b_k^2 \leqslant |\Omega|_2, \ \text{即} \ \sharp A_k \leqslant C_1 b_k^{-2}。$$

若记 $(\partial\Omega)_\varepsilon = \{x \in \mathbb{R}^2 \mid \mathrm{dist}(x, \partial\Omega) < \varepsilon\}$ 为边界 $\partial\Omega$ 的 ε-邻域带,则取 $\varepsilon_k = \sqrt{2} b_k$ 时, $\Omega_k'' \subset (\partial\Omega)_{\varepsilon_k}$，也有

$$|\Omega_k''|_2 = (\sharp B_k) b_k^2 \leqslant |(\partial\Omega)_{\varepsilon_k}|_2 \approx (2\varepsilon_k)|\partial\Omega|_1,$$

即得到 $\sharp B_k \leqslant C_2 b_k^{-1}$。

如果记满足狄利克雷(Dirichlet)边值条件： $\varphi = 0$，$x \in \partial\Omega$ 的特征值问题(3)的特征值为 $\{\lambda_k^D\}_{k \geqslant 1}$。记满足纽曼(Neumann)边值条

件：$\frac{\partial \varphi}{\partial \boldsymbol{n}} = 0$，$x \in \partial \Omega$ 的特征值为 $\{\lambda_k^N\}_{k \geqslant 1}$（这里 $\boldsymbol{n}$ 为边界 $\partial \Omega$ 的外法向量，$\frac{\partial \varphi}{\partial \boldsymbol{n}}\big|_{x \in \partial \Omega}$ 是 φ 关于边界 $\partial \Omega$ 的外法方向的导数）。

对 $\lambda > 0$，我们定义：$N_0(\lambda, -\Delta, \Omega) = \#\{k \mid \lambda_k^D \leqslant \lambda\}$，即不超过 λ 的对应 Ω 的所有狄利克雷特征值的个数，称为狄利克雷计数函数（Dirichlet counting function）；$N_1(\lambda, -\Delta, \Omega) = \#\{k \mid \lambda_k^N \leqslant \lambda\}$ 为纽曼计数函数（Neumann counting function），则因为 $N_0(\lambda_k^D, -\Delta, \Omega) = k$，所以，外尔的渐近公式(5)当 $n = 2$ 时等价于

$$N_0(\lambda, -\Delta, \Omega) \sim (2\pi)^{-2} \pi |\Omega|_2 \lambda = \frac{1}{4\pi} |\Omega|_2 \lambda,\text{当 } \lambda \to +\infty。 \quad (6)$$

利用数学物理中的狄利克雷-纽曼括号（Dirichlet-Neumann bracketing）方法（划界法），有

$$N_0(\lambda, -\Delta, \Omega_k') \leqslant N_0(\lambda, -\Delta, \Omega) \leqslant N_1(\lambda, -\Delta, \Omega_k' \cup \Omega_k'')。$$

由以上提到的等价性可知，当 $n = 2$ 时外尔渐近公式(5)的证明等价于

$$\frac{1}{4\pi} |\Omega|_2 \lambda - N_0(\lambda, -\Delta, \Omega) = o(\lambda), \quad \lambda \to +\infty,$$

其中 $o(\lambda)$ 是指 $\frac{o(\lambda)}{\lambda} \to 0$，当 $\lambda \to +\infty$ 时。由以上结果，可知

$$\frac{1}{4\pi} |\Omega|_2 \lambda - N_1(\lambda, -\Delta, \Omega_k' \cup \Omega_k'') \leqslant \frac{1}{4\pi} |\Omega|_2 \lambda - N_0(\lambda, -\Delta, \Omega)$$
$$\leqslant \frac{1}{4\pi} |\Omega|_2 \lambda - N_0(\lambda, -\Delta, \Omega_k')。$$

$$(7)$$

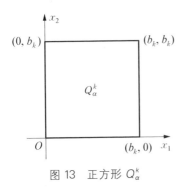

图 13 正方形 Q_α^k

首先计算(7)式的右端。因为
$$N_0(\lambda, -\Delta, \Omega_k') = \sum_{\alpha \in A_k} N_0(\lambda, -\Delta, Q_\alpha^k),$$

我们来看一个正方形 Q_α^k 上的特征值计算。由于特征值问题可以保持在平面 $\mathbb{R}^2$ 上的平移是不变的,故而可以假定正方形 Q_α^k 在以原点为顶点的第一象限(见图 13),则 Q^k 上的狄利克雷特征函数和特征值分别为

$$\varphi_{(m,n)}^D = \sin\left(\frac{m\pi}{b_k}x_1\right)\sin\left(\frac{b\pi}{b_k}x_2\right), \quad \lambda_{(m,n)}^D = \left(\frac{m\pi}{b_k}\right)^2 + \left(\frac{n\pi}{b_k}\right)^2,$$

其中 $(m, n) \in \mathbb{N} \times \mathbb{N}$,$\mathbb{N}$ 为正整数集。而 Q^k 上的纽曼特征函数和特征值分别为

$$\varphi_{(m,n)}^N = \cos\left(\frac{m\pi}{b_k}x_1\right)\cos\left(\frac{b\pi}{b_k}x_2\right), \quad \lambda_{(m,n)}^N = \left(\frac{m\pi}{b_k}\right)^2 + \left(\frac{n\pi}{b_k}\right)^2,$$

其中 $(m, n) \in \mathbb{Z}_+ \times \mathbb{Z}_+$,$\mathbb{Z}_+$ 为非负整数集,则

$$N_0(\lambda, -\Delta, Q^k) = \#\left\{(m, n) \in \mathbb{N}^2 \,\bigg|\, m^2 + n^2 \leqslant \left(\frac{b_k}{\pi}\right)^2 \lambda\right\}.$$

若记 $r_k = \frac{b_k}{\pi}\sqrt{\lambda}$,即 $N_0(\lambda, -\Delta, Q^k)$ 为平面 $\mathbb{R}^2$ 上以原点为圆心、r_k 为半径的圆盘 $B_{r_k}(0)$ 上正整数格点的数目(见图 14)。对一个圆盘 $B_{r_k}(0)$ 上的格点数(即坐标为整数点),若记 $p_2(r_k)$ 为正整数格点数,则由对称性,圆盘 $B_{r_k}(0)$ 上的所有格点数为 $4p_2(r_k) + 4[r_k] + 1$。其中"1"

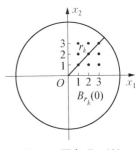

图 14 圆盘 $B_{r_k}(0)$

指原点这个格点，$[r_k]$ 记不超过 r_k 的整数部分，而坐标轴与圆盘的边界有 4 个交点，得到 4 段长度相同的线段，每个线段上的格点数为 $[r_k]$。

由德国著名数学大师高斯（C. F. Gauss，1777—1855，见图 15）在 1801 年出版的拉丁文专著《算术研究》(*Disquisitiones Arithmeticae*) 中，对圆内格点数估计如下：

图 15　高斯

$$0 < \frac{1}{4}|B_{r_k}(0)|_2 - p_2(r_k)$$
$$\leqslant dr_k, r_k > 0, d \text{ 为常数},$$

(8)

其中 $|B_{r_k}(0)|_2 = \pi r_k^2$ 为圆盘的面积，$p_2(r_k) = N_0(\lambda, -\Delta, Q^k)$，对(7)式右端的估计，有

$$\frac{1}{4\pi}|\Omega|_2 \lambda - N_0(\lambda, -\Delta, \Omega'_k)$$
$$= \frac{1}{4\pi}|\Omega'_k|_2 \lambda - \sum_{\alpha \in A_k} N_0(\lambda, -\Delta, Q_\alpha^k) + \frac{1}{4\pi}[|\Omega|_2 - |\Omega'_k|_2]\lambda$$
$$= \frac{1}{4\pi}(\#A_k)b_k^2 \lambda - (\#A_k)p_2(r_k) + \frac{1}{4\pi}[|\Omega|_2 - |\Omega'_k|_2]\lambda$$
$$= (\#A_k)\left[\frac{1}{4}|B_{r_k}(0)|_2 - p_2(r_k)\right] + \frac{1}{4\pi}[|\Omega|_2 - |\Omega'_k|_2]\lambda.$$

而由对 $\#A_k$ 的估计：$\#A_k \leqslant C_1 b_k^{-2}$，以及对(8)式的估计，有

$$0 < (\#A_k)\left[\frac{1}{4}|B_{r_k}(0)|_2 - p_2(r_k)\right] \leqslant C_1 d b_k^{-2} r_k = C_3 b_k^{-1} \lambda^{\frac{1}{2}}.$$

由于 $b_k = 2^{-k}$，而 k 可以取得任意大，故而对 $0 < \theta < 1$，可以取 k 为 $k = \left[\frac{\theta}{2\ln 2}\ln \lambda\right]$，则 $\lambda \to +\infty$ 当且仅当 $k \to +\infty$ 时，并且 $b_k^{-1} \sim \lambda^{\frac{\theta}{2}}$。

所以,可以得到 $b_k^{-1}\lambda^{\frac{1}{2}} \sim \lambda^{\frac{1+\theta}{2}} = o(\lambda)$,当 $\lambda \to +\infty$。

另一方面,$\Omega\setminus\overline{\Omega'_k} \subset (\partial\Omega)_{\varepsilon_k}$, $\varepsilon_k = \sqrt{2}b_k$,故

$$(|\Omega|_2 - |\Omega'_k|_2)\lambda \leqslant |(\partial\Omega)_{\varepsilon_k}|_2\lambda \leqslant C\varepsilon_k|\partial\Omega|_1\lambda \leqslant C_4 b_k\lambda,$$

而 $b_k\lambda \sim \lambda^{\frac{2-\theta}{2}} = o(\lambda)$,当 $\lambda \to +\infty$ 时。这就证明了对(7)式的右端,有

$$\frac{1}{4\pi}|\Omega|_2\lambda - N_0(\lambda, -\Delta, \Omega) \leqslant o(\lambda), 当 \lambda \to +\infty。$$

再来考虑(7)式的左端:$\frac{1}{4\pi}|\Omega|_2\lambda - N_1(\lambda, -\Delta, \Omega'_k \cup \Omega''_k)$,同样有

$$N_1(\lambda, -\Delta, \Omega'_k \cup \Omega''_k) = \sum_{\alpha \in A_k} N_1(\lambda, -\Delta, Q^k_\alpha) + \sum_{\alpha \in B_k} N_1(\lambda, -\Delta, Q^k_\alpha)。$$

而在一个正方形 Q^k 上,有

$$N_1(\lambda, -\Delta, Q^k) = \#\left\{(m, n) \in \mathbb{Z}^2_+ \,\Big|\, m^2 + n^2 \leqslant \left(\frac{b_k}{\pi}\right)^2\lambda\right\},$$

即得到 $N_1(\lambda, -\Delta, Q^k) = p_2(r_k) + 2[r_k] + 1$, $r_k = \frac{b_k}{\pi}\sqrt{\lambda}$。又因为

$$|\Omega|_2 = |\Omega'_k|_2 + |\Omega''_k|_2 + (|\Omega|_2 - |\Omega'_k|_2 - |\Omega''_k|_2),$$

可以推出

$$\frac{1}{4\pi}|\Omega|_2\lambda - N_1(\lambda, -\Delta, \Omega'_k \cup \Omega''_k)$$

$$= \frac{1}{4\pi}|\Omega'_k|_2\lambda - \sum_{\alpha \in A_k} N_1(\lambda, -\Delta, Q^k_\alpha) + \frac{1}{4\pi}|\Omega''_k|_2\lambda$$

$$- \sum_{\alpha \in B_k} N_1(\lambda, -\Delta, Q^k_\alpha) + \frac{1}{4\pi}(|\Omega|_2 - |\Omega'_k|_2)\lambda - \frac{1}{4\pi}|\Omega''_k|_2\lambda$$

$$= \frac{1}{4\pi}(\#A_k)b_k^2\lambda - (\#A_k)(p_2(r_k) + 2[r_k] + 1)$$

$$+\frac{1}{4\pi}(\sharp B_k)b_k^2\lambda - (\sharp B_k)(p_2(r_k)+2[r_k]+1)$$
$$+\frac{1}{4\pi}(|\Omega|_2-|\Omega'_k|_2)\lambda-\frac{1}{4\pi}|\Omega''_k|_2\lambda.$$

与上面的证明一样,我们可以计算出

$$\frac{1}{4\pi}(\sharp A_k)b_k^2\lambda-(\sharp A_k)p_2(r_k)=o(\lambda),$$

而当 $(\sharp A_k)\leqslant C_1 b_k^{-2}$,$(\sharp B_k)\leqslant C_2 b_k^{-1}$ 时,也可以推出

$$(\sharp A_k)(2[r_k]+1)=O(\lambda^{\frac{1+\theta}{2}})=o(\lambda),\quad 0<\theta<1,$$
$$\frac{1}{4\pi}(\sharp B_k)b_k^2\lambda-(\sharp B_k)p_2(r_k)=O(\lambda^{\frac{1}{2}})=o(\lambda),$$
$$(\sharp B_k)(2[r_k]+1)=O(\lambda^{\frac{1}{2}})=o(\lambda),$$
$$\frac{1}{4\pi}(|\Omega|_2-|\Omega'_k|_2)\lambda=O(\lambda^{\frac{2-\theta}{2}})=o(\lambda).$$

最后,对 $\frac{1}{4\pi}|\Omega''_k|_2\lambda$ 这一项,我们知道 $\Omega''_k\subset(\partial\Omega)_{\varepsilon_k}$,$\varepsilon_k=\sqrt{2}b_k$,有

$$|\Omega''_k|_2\leqslant|(\partial\Omega)_{\varepsilon_k}|_2\approx 2\varepsilon_k|\partial\Omega|_1=2\sqrt{2}|\partial\Omega|_1 b_k,$$

即

$$\frac{1}{4\pi}|\Omega''_k|_2\lambda=O(\lambda^{\frac{2-\theta}{2}})=o(\lambda),\quad 当 \lambda\to+\infty.$$

综上所述,我们证明了

$$\frac{1}{4\pi}|\Omega|_2\lambda-N_0(\lambda,-\Delta,\Omega)=o(\lambda), 当\lambda\to+\infty.$$

所以,外尔的渐近公式(5)成立。

武汉大学数学与统计学院　陈　化

代际影响函数的数学模型

数学上许多有关预测、推演的问题需要知道事件之间影响的相关程度,用概率论的语言讲就是两个函数或随机变量的相关系数。相关系数是用数学来描述两个事件的距离,距离越远,影响越弱。在实际问题中,由于研究对象的空间不是欧几里得的,或者说不是希尔伯特的,空间是弯曲的,因此,距离的定义是一个很复杂的问题。考虑一元的,如有关事件的影响问题,简单地说就是时间越长,影响越弱。例如,谢巴德(Shepard)方法就将距离平方的倒数作为影响力的权,

$$F(x) = (\sum f(x_j)/\|x-x_j\|^2)/(\sum 1/\|x-x_j\|^2) \, .$$

径向基函数方法的核函数是克里金(Kriging)思想的自相关函数。

$$F(x) = \sum c_j(x)f(x_j),$$ 其中 c_j 满足 $\sum \phi(\|x_k-x_j\|)c_k = \phi(\|x-x_j\|)$。典型的是高斯函数,$\phi(x) = e^{-|x|^2}$。

这也就是说,我们要在两个时间点之间给出一个距离。简单地,当然是计算时间差 $t_2 - t_1$。但是,也有许多其他因数。例如,四季的温度变化就会呈现某种类周期性;由于是收获的季节,家庭消费会显

著增加,甚至导致房地产、股票市场的"金九银十";经济的月指数有环比、同比,同比是指今年的某月与去年的同一个月相比较,以消除季节造成的假象,这样能更准确地描述经济指数。例如,3 月的皮衣销售不能与 2 月相比,天气热了,买皮衣的人就会少了;但可以与去年的 3 月相比,可以反映皮衣流行趋势的影响。

任何一种家庭传承、经济思想或政治思想在大尺度下应该都是随着时间的推移而逐渐淡化的,其函数表示比较像高斯型 $e^{-\lambda|t|^2}$、指数型 $e^{-\lambda|t|}$ 及紧支柱多项式分布型 $B(x)=(1-t^2)_+^\alpha$。那么,其影响淡化的过程确切地应该怎样呢?

我们从一个人在大家庭中的思想传播随着时间的推移开始分析。

我显然对我的兄弟有影响,与我年龄相近的会在一起玩得比较多。可能越是年龄差别大,影响会越小。但是,我对我儿子,可能又会比对兄弟有更大的影响力。所以,其影响的分布应该不全是随时间差距增大而单调下降的,应该可能更像高斯型分布上面还有一个类似于周期的波动,其波动周期应该为一代(约等于 26~32 年)。在政治思想、经济思想上,半代(13~16 年)会产生一个逆反时期。

模型 1 我们以一代作为时间坐标单位,在兄弟之间,简单地以 $B(x)=(1-t^2)_+^\alpha$ 作为影响的相关程度模拟表示。α 越大,表示兄弟的出生时间比较集中(年龄差别较小)。而一代以后则基本没有兄弟了。

然后分析另一条传播路径,也就是代之间对于儿子辈的影响。这时应该是再添加 $qB(t-1)$,其中 q 是代之间的衰减因子。考虑还有扩散的因素(孩子的分布),可以再添加一个扩散因子 $p(p<1)$,p 越小,下一代孩子的年龄分布越宽(年龄差越大)。因此,更加合理的对下一代的影响力度是

$$qB(p(t-1))=q(1-(p(t-1))^2)_+^\alpha。$$

考虑从再上一辈获得的影响，根据对称性，叠加的影响力度应该是 $(qB(p(t+1))+B(t)+qB(p(t-1)))$，其中 p,q 均为小于 1 的正数。这样，一代一代地传下去，同时也是一代一代追溯上去，得到

$$W(t)=\sum B(p^{|n|}(t-n))q^{|n|}。$$

由于 $B(t)$ 在 0 点达到最大值 $B(0)=1$，$B'(0)=0$，$B''(0)=2\alpha$，在 $[0,1]$ 随着时间增长单调下降，且为上凸函数（山峰）。取 $\alpha>2$，那么，$B(t)$ 在 1 点其函数值及一阶、二阶导数为零。

当 $p=1$，$q<1$ 时，$W(t)$ 在整数点 j 处均显示为上凸，形成一个小山峰。整体表现为一个一个山峰，高度为 $q^{|j|}$。

忽略差几代的影响，只考虑一代的影响，可以将相关函数简单地定义为

$$W_1(t)=(qB(p(t+1))+B(t)+qB(p(t-1)))，$$

那么，

$$W_1''(t)=(qp^2B''(p(t+1))+B''(t)+qp^2B''(p(t-1)))。$$

当

$$qp^2B''(p(1))+B''(0)+qp^2B''(p(1))>0，$$
$$qp^2B''(p(0))+B''(1)+qp^2B''(p(2))>0$$

时，形成 3 个小山峰，表示对某些儿子的影响可能大于对某些兄弟的影响。p 较大，q 也较大时，这种现象更为突出。

模型 2 我们再来扩大这样的概念，用另一种思路进行分析。为了计算简单，假设一般同代之间的影响衰减为 $W(t)=\mathrm{e}^{-at}$。考虑代际的影响，因为还有逆反心理，其影响力的传播更为可能是 $\mathrm{e}^{-at}\cos 2\pi t$，也就是说，在 $[0,1]$ 之间，比上面的模型会有一个影响的最低点外，进一步地可能会出现一个负面的影响（最低点是负的）。这种现象在

中国古代的大家庭中经常会发生,所谓的败家子(逆反心理)经常出现在年龄相差半代或一代半时。所以,完整的影响力传播可能是 $(1-q)\mathrm{e}^{-at}+q\mathrm{e}^{-at}\cos 2\pi t$。如果跨代传播的衰减因子 $q<1$,那么,总体影响都还是正面的。也就是说,好的家风还是可以传承下去。否则,总体影响曲线可能会出现负的区域段,不单出现败家子,甚至形成败家家风。

上述两种模型,第一种是局部模型,由代际衰减叠加而成。第二种是整体模型乘以周期函数与原整体模型线性组合而成。两种模型均可以用来模拟有代际周期衰减的相关函数。

下面看一些相关的例子。

例1 我国在 1957 年前后有个出生的高峰期,虽然在这一代人成年婚配时实行了独生子女政策,但在 1985—1989 年还是迎来新生儿的出生高峰。这时 q 约等于 $1/2$,一对夫妻只有一个孩子(特别是在城市中)。而 p 却很大(因为只有一个孩子),其下一代出生的时间比较集中,绝大多数在 1957 年前后出生的父母,其孩子在 1985—1989 年出生。

例2 经济危机、复苏、强劲、衰退会有周期表现。如果经济到了底部(经济指数达到最低点,经济指数的一阶导数长期小于 0),就必定会引起这代人的反思、努力;从而经济指数的一阶导数归零,降无可降,经济指数达到两阶导数最高点。然后,经济的增长率从负增长开始反弹。当增长率达到正增长,人们会对经济增长感到满足,享乐思想开始抬头,经济开始饱和,增速变缓。当经济指数达到顶峰,增速则减弱到零。直到那代反思、努力的人们作为父辈或导师开始教育他们的下一代、传播他们的思想与经验(由于当时的处境,这时反思、努力的思想更容易传播)时,新的周期开始了。这个周期主要不是表现在经济指数上,而是表现在经济的增长速度(经济指数的一阶导数)与增长速度的增长率(经济指数的两阶导数)上。增长速度的增长率(经济指数的两阶导数)的自相关函数 $E(J''(s)J''(t+s))$ 与

上述模型 $W(t) = (1-q)e^{-at} + qe^{-at}\cos 2\pi t$ 有较强的相似性。q 通常小于 $1/2$。而当 $q > 1/2$ 时,就会出现逆反期。这个模型有几个关键点: $t = \frac{1}{4}, \frac{2}{4}, \frac{3}{4}, \frac{4}{4}$。当然危机同时也是机遇所在,我们主要指出这些关键点对应的负面影响表现或危机现象。它们分别对应于经济指数的增长速度 $J'(t)$ 开始下降,$J''(t)$ 由正变负;$J'(t)$ 从正变负,显示负增长,$J(t)$ 开始下降;长期负增长,$J(t)$ 跌破心理可承受值(心理 K-线值)以下;$J(t)$ 长期处于低位,增长速度的增长率 $J''(t)$ 开始下降。这些对当时人们的心理,进而对经济变化有很强的影响,甚至很有可能导致经济危机。这就像一年四季中在季节变化时,也是人们最容易得病的时期。整个周期约为一代人。

例3 经济发展有个相应的美林时钟理论(见图1),按照经济增长与通胀的不同搭配,将经济周期划分为 4 个阶段:①"经济上行,

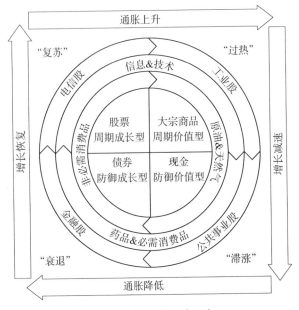

图 1 美林时钟理论示意

通胀下行"构成复苏阶段,此阶段由于股票对经济的弹性更大,其相对债券和现金具备明显超额收益;②"经济上行,通胀上行"构成过热阶段,在此阶段,通胀上升增加了持有现金的机会成本,可能出台的加息政策降低了债券的吸引力,股票的配置价值相对较强,而商品则将明显走牛;③"经济下行,通胀上行"构成滞胀阶段,在滞胀阶段,现金收益率提高,持有现金最明智,经济下行对企业盈利的冲击将对股票构成负面影响,债券相对股票的收益率提高;④"经济下行,通胀下行"构成衰退阶段,在衰退阶段,通胀压力下降,货币政策趋松,债券表现最突出,随着经济即将见底的预期逐步形成,股票的吸引力逐步增强。整个周期也约为一代人。

例4 模型验证。根据国家统计局公布的1949—2019年每年的人口出生率数据$f(j)$进行分析(http://data.stats.gov.cn),利用统计量

$$\sigma(k) = \left(N \sum f(j) f(j+k)\right) / \left((N-k) \sum f^2(j)\right)$$

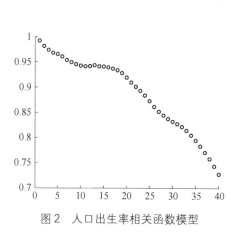

图2 人口出生率相关函数模型

得到图2。这个图像明显地在一个单调下降的自相关函数基础上,有一个上述模型思想的类周期波动,并且在8,24附近显示为两阶导

数最高点,在 16,32 附近显示为两阶导数最低点。图像与 $\sigma(t) = \left(1 + q\cos\left(\dfrac{\pi t}{8}\right)\right) e^{-at}/(1+q)$ 有很好的契合程度。对 $\sigma(t)$ 求对数,并用直线最小二乘法拟合 $\ln\sigma(t)$,得到 $\ln\sigma(k) \sim b - ak$,其中 (a, b) 满足最小二乘方程

$$\begin{pmatrix} 1 & \cdots & 1 \\ 1 & \cdots & N \end{pmatrix} \begin{pmatrix} 1 & 1 \\ \vdots & \vdots \\ 1 & N \end{pmatrix} \begin{pmatrix} b \\ -a \end{pmatrix} = \begin{pmatrix} 1 & \cdots & 1 \\ 1 & \cdots & N \end{pmatrix} \begin{pmatrix} \sigma(1) \\ \vdots \\ \sigma(N) \end{pmatrix},$$

从而 $\sigma(t) = \left(e^b + (1 - e^b)\cos\dfrac{2\pi t}{18}\right) e^{-at}$ 可以作为自相关函数的一个模拟,即用 $\dfrac{1}{1+q} = e^b$ 来平衡主体的指数模型与周期代际影响的部分。

这个模型与上述我们导出的模型的代际影响周期有个明显的差别,周期代际影响部分其周期为 18,而不是接近 30(见图 3)。可能是由于中国之前有"早生贵子"的思想,特别是女性在 18 岁左右就开始有孩子比较普遍,这样的周期影响是长远的。而对近 30 年的数据进行分析,可以明显看到生育周期在延长。

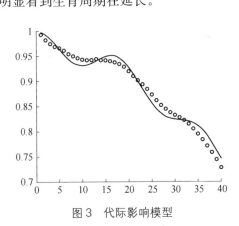

图 3　代际影响模型

参考文献

[1] 国家统计局网站, http://data.stats.gov.cn

复旦大学数学科学学院　吴宗敏

代数几何的指路明灯
极小模型纲领

在现代数学的发展历程中,求解如下形式代数方程

$$x^n + a_{n-1}x^{n-1} + \cdots + a_0 = 0 \tag{1}$$

之问题曾经主导过数学的发展方向。解决这个问题至少包括两个方面:①存在性;②如何求解。第一个问题与方程所在的具体数域有关。例如,方程 $x^2+1=0$ 在实数域内无解,但它在复数域内有两个解。第二个问题更关注用求根公式将方程的解表达出来。我们知道,一元二次方程的求根公式很漂亮,很多数学家曾经倾注毕生精力寻找一元高次方程的求根公式,法国数学家伽罗瓦(Galois)发现根式求解问题与该方程的分裂域扩张的伽罗瓦群的可解性(solvability)有关,其结论是:当 $n \geqslant 5$ 时,方程(1)在复数域 $\mathbb{C}$ 上无求解公式。伽罗瓦的伟大贡献是发展出"伽罗瓦理论",使得群论与域扩张理论得以迅猛发展,为抽象代数学的繁荣发展注入原动力。

如果我们考虑下列多元代数方程组的求解问题:

$$\begin{cases} F_1(x_1, \cdots, x_n) = 0, \\ F_2(x_1, \cdots, x_n) = 0, \\ \cdots\cdots \\ F_m(x_1, \cdots, x_n) = 0, \end{cases}$$

其中每个 $F_i(x_1, \cdots, x_n)$ 是以 $x_1, \cdots, x_n$ 为不定元的多元多项式，则情况明显比方程（1）复杂得多，这实际上就是代数几何学（algebraic geometry）主要考虑的问题。

在这篇短文里，我们以复数域上的代数几何为例，对其思想方法作一个通俗介绍。

一、什么叫代数簇？

记 $\mathbb{P}^n_{\mathbb{C}} = \{[a_0, \cdots, a_n] \mid \forall i, a_i \in \mathbb{C}\}$ 为 n 维复射影空间，我们称 $\mathbb{P}^n_{\mathbb{C}}$ 上的通常拓扑结构为解析拓扑。通过引入代数子集（algebraic subset）的概念，我们可以赋予 $\mathbb{P}^n_{\mathbb{C}}$ 一个"代数"拓扑。直观地说，如果一个齐次多项式 $F(x_0, \cdots, x_n) \in S = \mathbb{C}[x_0, \cdots, x_n]$ 在某一点 $P = [a_0, \cdots, a_n] \in \mathbb{P}^n_{\mathbb{C}}$ 处取值 $F(a_0, \cdots, a_n) = 0$，我们称 P 是 $F(x_0, \cdots, x_n)$ 的代数点，F 的所有代数点的集合就是 $\mathbb{P}^n_{\mathbb{C}}$ 的一个代数子集。一般地，如果 J 是一个指标集，

$$H = \{F_j(x_0, \cdots, x_n) \in S \mid j \in J, F_j \text{ 是齐次多项式}\}$$

是一族齐次多项式，H 中所有 F_j 的公共代数点集就称为一个代数子集。对初学者而言，他们最关心的问题可能是代数子集什么时候是空集，这当然可能发生；其次，他们可能会认为代数子集不会很多，因为它作为一个方程组的解集一定是很局限的。事实并非如此，著名的希尔伯特零点定理告诉我们，代数子集的数量取决于分次代数 S 中所谓齐次根理想的数量，而根据现代代数学的理论可知，S 中的齐次根理想"多如牛毛"。因此，我们更应该关心代数子集的几何特性。如何区分不同的代数子集呢？

代数几何赋予 $\mathbb{P}^n_{\mathbb{C}}$ 一个新的拓扑结构，即查理斯基拓扑（Zariski topology），这个拓扑结构的关键就是闭集族等于代数子集族。射影空间中的不可约代数子集统称为代数簇（algebraic varieties）。例如，$\mathbb{P}^n_{\mathbb{C}}$ 中由一个不可约齐次多项式定义的代数子集就是一个代数簇。

代数簇是一个几何体，因此，需要探究它的几何特性，如光滑性等。考虑由不可约齐次多项式定义的光滑代数簇的全体，这实际上就是考虑下列偏微分代数方程组的解集：

$$\begin{cases} F(x_0, \cdots, x_n) = 0, \\ \mathrm{rk}\left(\dfrac{\partial F}{\partial x_0}, \cdots, \dfrac{\partial F}{\partial x_n}\right) = 1。 \end{cases}$$

代数簇自然有维数概念，我们按维数又将代数簇称为代数曲线（1维）、代数曲面（2维）、高维代数簇（3维以上）。如何对代数簇的集合 $\mathbb{V}$ 作出有效分类，一直是代数几何学的根本任务。

二、函数域与双有理分类

设代数簇 $X \subset \mathbb{P}^n$，f 是 X 的非空查理斯基开子集 U 上的函数，如果存在两个次数相等的齐次多项式 $F(x_0, \cdots, x_n)$，$G(x_0, \cdots, x_n) \in S(G \neq 0)$，使得在 U 上，$f = \dfrac{F}{G}$ 处处成立，则称 f 是 X 上的有理函数。有理函数如同复平面上的半纯函数，由于代数簇上的拓扑比较"粗糙"，有理函数承载了代数簇的绝大多数信息。X 上所有有理函数的全体记为 $K(X)$，$K(X)$ 上可以做加减乘除运算，这自然形成了一个域结构，我们称 $K(X)$ 为 X 的有理函数域。

代数几何的一个定理如下：两个代数簇 X 与 Y 分别各有一个相互同构的查理斯基开集 $U \subset X$ 和 $V \subset Y$，当且仅当它们有互相同构的有理函数域，即 $K(X) \cong K(Y)$。我们可以在代数簇的集合 $\mathbb{V}$ 上定义双有理等价：$X \sim Y$ 当且仅当 $K(X) \cong K(Y)$。由此，对 $\mathbb{V}$ 的分类工作转化为对商集 $\overline{\mathbb{V}} = \mathbb{V}/\sim$ 和每个双有理等价类 $[X]$ 的研究。这两个方面的任务演化出代数几何的两大核心方向：双有理几何（birational geometry）与模空间理论（moduli theory）。

双有理几何主要研究代数簇在双有理等价意义下不变的性质和

几何。如果把具有某种性质的所有代数簇的同构类放在一起就能以代数几何方式构成一个新的代数簇结构,该新代数簇被称为模空间(moduli space),研究模空间的性质是模空间理论的主要任务。

三、代数曲线的分类

双有理几何的理论告诉我们,任何一条代数曲线都双有理等价于一条光滑代数曲线,而两条光滑代数曲线相互双有理等价当且仅当它们同构。这就是说,在代数曲线的分类理论中双有理分类即为同构分类。此外,光滑代数曲线与紧黎曼(Riemann)面是一致的,后者为黎曼几何的研究对象。紧黎曼面可以按照其上的"洞"(也即亏格)的个数分类,对光滑代数曲线 C,记亏格为 $g = g(C)$。

C 的亏格为 0 当且仅当 $C \cong \mathbb{P}^1$。

亏格为 1 的曲线称为椭圆曲线(elliptic curve),所有椭圆曲线的同构类全体形成 1 维模空间。

亏格 $g \geqslant 2$ 的曲线称为一般型曲线,亏格 g 的模空间 M_g 作为代数簇的维数为 $3g - 3$。对 M_g 的几何性质的研究,至今仍然是代数几何的热点之一。

四、极小模型理论与代数曲面的分类

1. 代数曲面数量"之巨"

代数曲面从数量上讲要比代数曲线多得多。如果我们固定一条代数曲线 C_0,则对任意曲线 C,$C \times C_0$ 和 $C \times C$ 都是代数曲面。代数曲面的组成比简单的乘积要复杂得多。

2. $\mathbb{P}^3$ 中的光滑曲面占据"绝大多数"

$\mathbb{P}^3$ 中的一个超曲面是由一个 d 次齐次方程定义:

$$F(x_0, x_1, x_2, x_3) = a_{d,0,0,0} x_0^d + a_{d-1,1,0,0} x_0^{d-1} x_1 + \cdots$$
$$+ a_{0,0,1,d-1} x_2 x_3^{d-1} + a_{0,0,0,d} x_3^d = 0,$$

其中有 C_{d+3}^3 个待定系数 $\{a****\}$。F 定义的超曲面带有奇点等价于下列条件：

$$\frac{\partial F}{\partial x_0}=\cdots=\frac{\partial F}{\partial x_n}=0。$$

上述条件是一个闭条件，因此，可以知道光滑 d 次曲面在所有 d 次曲面形成的参量空间中占据代数开集，也就是说，光滑曲面在"数量上"占绝大多数。

3. $\mathbb{P}^3$ 中低次曲面的分类

$\mathbb{P}^3$ 中的 1 次曲面就是 $\mathbb{P}^2$；$\mathbb{P}^3$ 中的光滑 2 次曲面是 del pezzo 曲面 S_8，它双有理等价于 $\mathbb{P}^2$；$\mathbb{P}^3$ 中的光滑 3 次曲面是 del pezzo 曲面 S_3，它也双有理等价于 $\mathbb{P}^2$；$\mathbb{P}^3$ 中的光滑 4 次曲面是"$K3$"曲面（这是代数几何、复几何领域非常著名的一类曲面）。$\mathbb{P}^3$ 中次数大于 4 的光滑超曲面叫做一般型曲面，对它们的分类实际上见证了近 150 年来代数几何的研究史。

4. 极小模型理论与代数曲面分类

我们已经知道，存在如此众多的代数曲面，到底应该用什么样的方法将曲面彼此区别开来？一个最朴实的办法是考虑曲面之间的"双有理满映射"关系，如 $S_1 \mapsto S_2$。意大利学派在 150 年前就发现了这样的规律：一个代数曲面按照双有理映射的等价关系经过有限步后必定终止，即：对给定的代数曲面 S，存在有限个光滑曲面 S_i 以及双有理映射等价，

$$S \mapsto S_1 \mapsto \cdots \mapsto S_m,$$

其中 S_m 不再有到任何其他光滑曲面上的非平凡双有理映射等价，我们称 S_m 是给定曲面 S 的极小模型，也就是说，按双有理映射等价关系，S_m 是极小元。意大利数学家卡斯泰尔诺沃（Castelnuovo）有如下定理：光滑曲面 S 是极小曲面当且仅当 S 上不存在第一类例外

曲线(这是一类满足一定数值条件的有理曲线)。卡斯泰尔诺沃定理给出了判别极小曲面的准则。

双有理几何接下来的任务是对极小曲面做出分类。设 S 是一个极小曲面，日本数学家小平邦彦(Kodaira)首先定义了小平维数 $\kappa(S)$ (Kodaira dimension)，即 $\kappa(S)=-\infty,0,1,2$，这是一个双有理不变量。曲面的极小模型在 $\kappa=-\infty$ 时是不唯一的，而在 $\kappa\geqslant 0$ 时却是唯一的。

对代数曲面的完整分类是近 70 年来的事，大体如下：

$\kappa(S)=-\infty \Leftrightarrow S \cong \mathbb{P}^2$ 或直纹面。

$\kappa(S)=0 \Leftrightarrow S$ 是阿贝尔(Abel)曲面或恩里奎斯(Enriques)曲面或 $K3$ 曲面或双椭圆曲面。

$\kappa(S)=1$ 的曲面 S 自然带有一种椭圆纤维化结构。

$\kappa(S)=2$ 的曲面叫做一般型曲面，此类曲面在"数量上"最多，结构也更复杂。有兴趣的读者可以去了解代数几何中的"曲面地理学"和"曲面生物学"，它们为了解一般型曲面的精妙结构打开了大门。

五、高维簇与极小模型纲领

极小模型理论对代数曲面的研究起到至关重要的作用，自 20 世纪 80 年代开始，英国数学家米尔斯·里德(Miles Reid)开始研究高维代数簇的极小模型问题。此后，日本数学家森重文(Mori)、川又(Kawamata)以及俄罗斯数学家沙可罗夫(Shokurov)、匈牙利数学家科拉尔(Kollár)等研究三维代数簇的极小模型猜想。1988 年前后，以森重文为代表的一批数学家完成了三维簇的极小模型猜想的证明，森重文因此获得了菲尔兹奖。从此，高维双有理几何进入黄金时期。

对于四维以上情形，极小模型纲领(minimal model program)预测：极小模型理论对任意高维簇都成立。直到 2010 年前后，高维极小模型纲领取得里程碑式的进步，至少人们知道一般型代数簇的极小模型理论是成立的。取得这一重要突破的是华人数学家肖荫堂和 Birkar-Cascini-Hacon-McKernan,他们分别用复几何方法和代数几何方法证明了上述结论。2018年剑桥大学数学家考切尔·比尔卡尔(Caucher Birkar)因在高维双有理几何方面的贡献而获得菲尔兹奖。

  如今,极小模型纲领中最核心的问题是"充沛性(abundance)猜想",作者相信高维代数几何还在高速发展之中,人们必将攻克这一难题,为进一步破解高维代数簇的结构打下基础。

复旦大学数学科学学院 陈 猛

代数学简介

代数学主要是研究带运算的集合。

人们熟知的一些集合是自然数全体的集合 $\mathbb{N}$、整数全体的集合 $\mathbb{Z}$、有理数全体的集合 $\mathbb{Q}$、实数全体的集合 $\mathbb{R}$、复数全体的集合 $\mathbb{C}$，这些集合都带有通常的加法运算和乘法运算。这些集合中的元素通常称为数，所以，这些集合都是一种数集，而其中的运算是数的加法和乘法。

我们看几个不是数集并带有运算的例子。

一、有限域 $\mathbb{F}_p$

设 p 是一个素数。对任一个整数 n，记 $\bar{n}$ 是 n 的模 p 的剩余类，并且记 $\mathbb{F}_p$ 是所有这些剩余类的集合。注意对任意两个整数 m 和 n，我们有 $\bar{m}=\bar{n}$（m 和 n 模 p 同余）当且仅当 p 整除 $m-n$。所以，$\mathbb{F}_p=\{\bar{0},\bar{1},\cdots,\overline{p-1}\}$，是一个具有 p 个元素的有限集合。整数的加法和乘法可以自然诱导出 $\mathbb{F}_p$ 的加法和乘法：$\bar{m}+\bar{n}=\overline{m+n}$，$\bar{m}\cdot\bar{n}=\overline{mn}$。

对整数 $0<s<p$ 和组合数 $\binom{p}{s}=\dfrac{p!}{s!(p-s)!}$，易知 p 整除 $\binom{p}{s}$，故有 $\overline{\binom{p}{s}}=\bar{0}$，从而由二项式展开公式可知，在 $\mathbb{F}_p$ 中有

$\overline{(m_1+m_2)^p} = \overline{m_1^p} + \overline{m_2^p}$，进而有

$$\overline{(m_1+m_2+\cdots+m_n)^p} = \overline{m_1^p} + \overline{m_2^p} + \cdots + \overline{m_n^p}。$$

在上式中，令 $m_1, m_2, \cdots, m_n$ 都等于 1，有 $\overline{n^p} = \overline{n}$，从而 p 整除 $n^p - n = n(n^{p-1}-1)$。所以，如果 n 不被 p 整除，即 $\overline{n} \neq \overline{0}$，那么，$p$ 整除 $n^{p-1}-1$，即

$$\overline{n^{p-1}} = \overline{1},$$

这就是费马(Fermat)小定理！

从费马小定理可以看出，如果 $\overline{n}$ 在 $\mathbb{F}_p$ 中非零，即 $\overline{n} \neq \overline{0}$，那么，$\overline{n}$ 在 $\mathbb{F}_p$ 中有逆元 $\overline{n^{p-2}}$。换言之，如果 $\overline{n}$ 在 $\mathbb{F}_p$ 中非零，那么，我们在 $\mathbb{F}_p$ 中可以有除法 $\overline{m} \div \overline{n} = \overline{m} \cdot \overline{n^{p-2}}$。此时，我们把 $\mathbb{F}_p$ 称为一个 p 元(有限)域。之所以称为一个"域"(field)，初略地说是因为它带有加法运算和交换的乘法运算(如 $\overline{m} \cdot \overline{n} = \overline{n} \cdot \overline{m}$)，并且每个非零元有逆。

到目前为止你是否觉得有点神奇了？！因为任一个非零整数的逆(即倒数)一般都不再是整数而是真分数，换句话说，非零整数在整数集合中通常没有逆，而在模 p 的剩余类的集合中非零元就有逆了！

数论中经常用到 p 元域。我们再在 p 元域 $\mathbb{F}_p$ 中用简单的办法推导下面这个结果。

命题 如果 p 是奇素数，那么，对任意的整数 s，方程 $\overline{s} + \overline{x^2} + \overline{y^2} = \overline{0}$ 在 $\mathbb{F}_p$ 中有解。

证明 首先我们断言：对整数 $0 \leqslant m, n \leqslant \dfrac{p-1}{2}$，若 $\overline{m^2} = \overline{n^2}$，则 $m = n$。实际上，由 $\overline{m^2} = \overline{n^2}$ 知 $\overline{(m+n)(m-n)} = \overline{0}$，从而 p 整除 $(m+n)(m-n)$。但 $0 < m+n \leqslant p-1$，故 p 不整除 $m+n$，于是有 p 整除 $m-n$。然而又有 $0 \leqslant |m-n| < p-1$，故只能有 $m-n=0$，这就证明了断言。

现在我们设 $\mathbb{F}_p^2 = \{\overline{a^2} \mid a \in \mathbb{Z}\}$ 是 $\mathbb{F}_p$ 的子集合，那么，$\overline{0}$, $\overline{1}$,

$\overline{2^2}, \cdots, \overline{\left(\frac{p-1}{2}\right)^2}$ 都属于 $\mathbb{F}_p^2$，并且由上述断言知它们两两不同，故 $\mathbb{F}_p^2$ 中的元素个数至少是 $\frac{p-1}{2}+1$ 个。对固定的整数 s，设 $\overline{s}-\mathbb{F}_p^2=\{\overline{-s-a^2} \mid a \in \mathbb{Z}\}$ 是 $\mathbb{F}_p$ 的子集合，那么，易知子集合 $\overline{s}-\mathbb{F}_p^2$ 与子集合 $\mathbb{F}_p^2$ 的元素个数一样多，至少是 $\frac{p-1}{2}+1$ 个。但 $\mathbb{F}_p$ 是一个 p 个元素的集合，故 $(\overline{-s}-\mathbb{F}_p^2) \cap \mathbb{F}_p^2$ 不空。所以，存在整数 a, b 使得 $\overline{-s}-\overline{a^2}=\overline{b^2}$，即有 $\overline{s}+\overline{a^2}+\overline{b^2}=\overline{0}$。这就证明了命题。

二、四元数

从自然数到整数，再到有理数，再到实数，再到复数，这些数系的发展经历了非常漫长的历史。这种发展是一种迫不得已，是客观中出现了或应该有的，使得人们不得不面对。例如，无理数是公元前 6 世纪古希腊毕达哥拉斯（Pythagoras，约公元前 580—公元前 500）学派的弟子希伯索斯（Hippasus）观察到的，他发现一个正方形的对角线与该正方形边的长度是不可公度的，用现代的话来说，是发现了无理数 $\sqrt{2}$。这说明了有理数不能同连续的无限直线等同看待，它们并没有布满数轴上的点，在数轴上存在着不能用有理数表示的"孔隙"。直到 1872 年，德国数学家戴德金（Dedekind）从连续性的要求出发，用有理数的分割来定义无理数，并把实数理论建立在严格的科学基础上，从而结束了无理数被认为"无理"的时代。虚数的出现源于解方程，如简单的方程 $x^2+1=0$ 没有实数解。1545 年意大利数学家卡尔达诺（Cardano）在其著作《大衍术》的三次代数方程求解公式中最早使用了虚数记号，但他认为这仅仅是个形式表示而已；1637 年法国数学家笛卡尔（Descartes，1596—1650）在其《几何学》中第一次给出"虚数"的名称，并和"实数"相对应；直到 19 世纪初，高斯系统地使用了 i 这个符号，并主张用数对 (a, b) 来表示 $a+bi$，称为复数，虚数才逐步得以通行；后来高斯又提出了复平面的概念，终于使复数有了立足之地，也为复数的应用开辟了道路。现在复数一般用来表示向量（有方向的量），在力学、地图学、航空学等领域中的应用十分广泛。

四元数的发现则是一种主观的出现。复数可以描述二维实平面，那么，数学上自然的一个问题是可否找到一种"数"来描述三维实空间？爱尔兰数学家哈密顿（W. R. Hamilton，1853—1925）为此困扰了近8年，终于在1843年发现了四元数而不是所希望的"三元数"。四元数形如 $a+bi+cj+dk$，其中 a, b, c, d 是实数，i, j, k 是3个纯"虚数"，即满足 $i^2=-1, j^2=-1, k^2=-1$，它们还要满足关系：ij=k, jk=i, ki=j 和 ji=-k, kj=-i, ik=-j。注意这些不同的纯"虚数"之间两两相乘是非交换的，交换后相差一个负号！但四元数和复数还是有许多相同之处，可以定义它们的加法运算、乘法运算、共轭、"绝对值"（模长）、非零数的逆因而"可除"等，具体如下：

加法：
$$(a_1+b_1i+c_1j+d_1k)+(a_2+b_2i+c_2j+d_2k)$$
$$=(a_1+a_2)+(b_1+b_2)i+(c_1+c_2)j+(d_1+d_2)k。$$

乘法：
$$(a_1+b_1i+c_1j+d_1k)(a_2+b_2i+c_2j+d_2k)$$
$$=(a_1a_2-b_1b_2-c_1c_2-d_1d_2)+(a_1b_2+b_1a_2+c_1d_2-d_1c_2)i$$
$$+(a_1c_2-b_1d_2+c_1a_2+d_1b_2)j+(a_1d_2+b_1c_2-c_1b_2+d_1a_2)k。$$

共轭：$\overline{a+bi+cj+dk}=a-bi-cj-dk。$

模长：$|a+bi+cj+dk|=\sqrt{a^2+b^2+c^2+d^2}。$

逆：如果 a, b, c, d 不全是零，有

$$(a+bi+cj+dk)^{-1}=\frac{1}{|a+bi+cj+dk|^2}\overline{(a+bi+cj+dk)}。$$

注意上面四元数的乘法定义,实际上是利用了通常的分配律和 3 个纯虚数的关系。

四元数确实可以很好地用来描述三维实空间。实际上,四元数 $a+b\mathrm{i}+c\mathrm{j}+d\mathrm{k}$ 的 3 个虚部的系数 b,c,d 可以用来表示三维实空间中的点 (b,c,d),并且三维实空间中的保距变换可以用四元数的乘法来表示,等等。与复数不同,四元数没有大放异彩,因为许多能通过四元数得到的都可以用几乎同时发展起来的向量空间(也称为线性空间)理论来取代。鉴于我们无意给出太多较精确的数学概念而使读者困于其中,这里对与四元数相关的理论和应用就不展开说明。

尽管四元数损失了乘法的交换性,但无疑还是一种很简洁漂亮的数系结构。我们忍不住还是想用它来证明数论中一个优美的结果:每个正整数都是 4 个整数的平方和。这里给出比较简洁的证明,供读者欣赏。先做一些小小的准备。

设 $\alpha=a+b\mathrm{i}+c\mathrm{j}+d\mathrm{k}$ 是一个四元数。记 $N(\alpha)=|\alpha|^2=a^2+b^2+c^2+d^2$,这是一个实数,它是 4 个实数的平方和。于是,用四元数的乘法直接计算,可得 $\alpha\bar{\alpha}=\bar{\alpha}\alpha=N(\alpha)$(从而也有 $N(\bar{\alpha})=N(\alpha)$)。所以,若 $\alpha\neq 0$(即 a,b,c,d 不全为零),则 $\alpha^{-1}=N(\alpha)\overline{\alpha}$。注意任一个实数可以看成是虚部都为零的四元数,所以,由四元数的乘法可知实数与四元数的乘法是可交换的。另外,对任意两个四元数 α_1 和 α_2,直接计算可得 $\overline{\alpha_1\alpha_2}=\overline{\alpha_2}\,\overline{\alpha_1}$。所以,$N(\alpha_1\alpha_2)=\alpha_1\alpha_2\overline{\alpha_1\alpha_2}=\alpha_1\alpha_2\overline{\alpha_2}\,\overline{\alpha_1}=\alpha_1 N(\alpha_2)\overline{\alpha_1}=\alpha_1\overline{\alpha_1}N(\alpha_2)=N(\alpha_1)N(\alpha_2)$。所以,如果我们考虑整四元数,即它的 4 个实系数都是整数,上述结果说明:2 个 4 个整数平方和的乘积仍然是 4 个整数平方和。由此进一步可知,任意有限多个 4 个整数平方和的乘积仍然是 4 个整数平方和。

定理 每个正整数都是 4 个整数的平方和。

证明 正整数 1 显然是 4 个整数的平方和 ($1=1^2+0^2+0^2+0^2$)。又因任一个大于 1 的正整数可以分解为素数的乘积,故由上面的分析可知,我们只需证明任一个素数 p 是 4 个整数的平方和。但 $2=1^2+1^2+0^2+0^2$,我们只需设 p 是奇素数。

在前面的命题中取 $s=1$,那么,存在整数 x 和 y,使得在 p 元域 $\mathbb{F}_p$ 中有 $\overline{1+x^2+y^2}=\overline{0}$。故 p 整除 $1+x^2+y^2$,即存在正整数 t,使得 $1+x^2+y^2=tp$。不妨设 $0 \leqslant x, y \leqslant \dfrac{p-1}{2}$(因为对任一个整数 m,易知存在整数 l 和 m_1,使得 $0 \leqslant |m_1| \leqslant \dfrac{p-1}{2}$,并且 $m=lp+m_1$,从而在 $\mathbb{F}_p$ 中有 $\overline{m^2}=\overline{m_1^2}=\overline{|m_1|^2}$)。由 $tp=1+x^2+y^2 \leqslant 1+\left(\dfrac{p-1}{2}\right)^2+\left(\dfrac{p-1}{2}\right)^2 < p^2$ 可知 $1 \leqslant t \leqslant p$。换言之,我们证明了存在整四元数 $\mathrm{i}+x\mathrm{j}+y\mathrm{k}$,使得 p 整除 $N(\mathrm{i}+x\mathrm{j}+y\mathrm{k})$,并且 $N(\mathrm{i}+x\mathrm{j}+y\mathrm{k}) < p^2$。

现在设 α 是非零的整四元数,使得 p 整除 $N(\alpha)$,并且使得 $N(\alpha)$ 在被 p 整除的意义下极小。那么,存在正整数 n,使得 $N(\alpha)=np$,并且由上一段最后的结论可知 $n<p$。注意 $N(\alpha)$ 是 4 个整数的平方和,我们下面只需证明 $n=1$ 即可。记 $\alpha=a_1+a_2\mathrm{i}+a_3\mathrm{j}+a_4\mathrm{j}$,易知存在整数 b_1, b_2, b_3, b_4 和绝对值都小于等于 $\dfrac{1}{2}$ 的有理数 r_1, r_2, r_3, r_4,使得 $\dfrac{a_m}{n}=b_m+r_m (m=1,2,3,4)$。记 $\beta=b_1+b_2\mathrm{i}+b_3\mathrm{j}+b_4\mathrm{k}$ 和 $\gamma=r_1+r_2\mathrm{i}+r_3\mathrm{j}+r_4\mathrm{k}$,有 $\dfrac{1}{n}\alpha=\beta+\gamma$,并且 $N(\gamma) \leqslant \left(\dfrac{1}{2}\right)^2+\left(\dfrac{1}{2}\right)^2+\left(\dfrac{1}{2}\right)^2+\left(\dfrac{1}{2}\right)^2=1$。于是,有 $p=\dfrac{1}{n}np=\dfrac{1}{n}N(\alpha)=\dfrac{1}{n}\alpha\overline{\alpha}=\overline{\alpha}\beta+\overline{\alpha}\gamma$。可见 $\overline{\alpha}\gamma$ 是一个整四元数。又由 $n\gamma=\alpha-n\beta$ 是一个整四元数,并且 $npN(n\gamma)=N(\alpha)N(n\gamma)=N(\overline{\alpha})N(n\gamma)=N(\overline{\alpha}n\gamma)=n^2N(\overline{\alpha}\gamma)$,我们可得 p 整除 $n^2N(\overline{\alpha}\gamma)$。故由 p 与 n 互素

可知 p 整除 $N(\overline{\alpha}\gamma)$。但 $N(\overline{\alpha}\gamma) = N(\overline{\alpha})N(\gamma) \leqslant N(\overline{\alpha}) = N(\alpha)$，由 $N(\alpha)$ 的极小性可知 $N(\gamma)$ 必须是 1 或者是 0。假如 $N(\gamma)=1$，那么，所有 r_1, r_2, r_3, r_4 的绝对值必须都等于 $\frac{1}{2}$。此时，由 $n\gamma = \alpha - n\beta$ 是整四元数可知 $\frac{n}{2}$ 是整数，并且 $nr_m (m=1, 2, 3, 4)$ 的绝对值都是 $\frac{n}{2}$，从而 n 是偶数，并且由 $a_m = nb_m + nr_m (m=1, 2, 3, 4)$ 可知整数 a_1，a_2, a_3, a_4 同奇偶。若 a_1, a_2, a_3, a_4 都是偶数，则存在非零整四元数 α_1，使得 $\alpha = 2\alpha_1$；从而 $N(\alpha) = 4N(\alpha_1)$，于是，奇素数 p 整除更小的 $N(\alpha_1)$，这不可能；若 a_1, a_2, a_3, a_4 都是奇数，则易知 $(1+i)\alpha$ 是偶的整四元数，故存在非零整四元数 α_2，使得 $(1+i)\alpha = 2\alpha_2$，等式两边同时从左边乘 $\frac{1-i}{2}$，得到 $\alpha = (1-i)\alpha_2$；从而 $N(\alpha) = 2N(\alpha_2)$，于是，奇素数 p 整除更小的 $N(\alpha_2)$，这也不可能，所以，只能有 $N(\gamma)=0$，即 $\gamma = 0$。故 $\alpha = n\beta$，于是，$N(\alpha) = n^2 N(\beta)$，从而 p 整除 $N(\beta)$。但 β 不能是零，并且 $N(\beta)$ 也不能小于 $N(\alpha)$，只能有 $n=1$。这就完成了定理的证明。

三、矩阵(matrix)

对任意 4 个有理数 a, b, c, d，我们可以把它们排成一个两排两列的一个阵列 $\begin{pmatrix} a & b \\ c & d \end{pmatrix}$，称为有理数的 2 阶方的矩阵(简称 2 阶方阵)。我们可以把这个 2 阶方阵记为 $\begin{pmatrix} a_{11} & a_{12} \\ a_{21} & a_{22} \end{pmatrix}$（即 $a_{11}=a, a_{12}=b$，$a_{21}=c, a_{22}=d$），以分别指出 a, b, c, d 在这个方阵中所处的行列位置。对任意的两个方阵 $\begin{pmatrix} a_{11} & a_{12} \\ a_{21} & a_{22} \end{pmatrix}$ 和 $\begin{pmatrix} b_{11} & b_{12} \\ b_{21} & b_{22} \end{pmatrix}$，我们可以有(实际上是一种人为定义的)加法和乘法如下：

$$\begin{pmatrix} a_{11} & a_{12} \\ a_{21} & a_{22} \end{pmatrix} + \begin{pmatrix} b_{11} & b_{12} \\ b_{21} & b_{22} \end{pmatrix} = \begin{pmatrix} a_{11}+b_{11} & a_{12}+b_{12} \\ a_{21}+b_{21} & a_{22}+b_{22} \end{pmatrix}$$

和

$$\begin{pmatrix} a_{11} & a_{12} \\ a_{21} & a_{22} \end{pmatrix} \begin{pmatrix} b_{11} & b_{12} \\ b_{21} & b_{22} \end{pmatrix} = \begin{pmatrix} a_{11}b_{11}+a_{12}b_{21} & a_{11}b_{12}+a_{12}b_{22} \\ a_{21}b_{11}+a_{22}b_{21} & a_{21}b_{12}+a_{22}b_{22} \end{pmatrix}。$$

我们来看几个具体方阵的加法和乘法：

$$\begin{pmatrix} 1 & 2 \\ -3 & 4 \end{pmatrix} + \begin{pmatrix} 0 & 2 \\ 5 & -4 \end{pmatrix} = \begin{pmatrix} 1 & 4 \\ 2 & 0 \end{pmatrix},$$

$$\begin{pmatrix} 1 & 1 \\ 2 & -2 \end{pmatrix} \begin{pmatrix} -1 & 3 \\ -5 & 5 \end{pmatrix} = \begin{pmatrix} -6 & 8 \\ 8 & -4 \end{pmatrix},$$

$$\begin{pmatrix} -1 & 3 \\ -5 & 5 \end{pmatrix} \begin{pmatrix} 1 & 1 \\ 2 & -2 \end{pmatrix} = \begin{pmatrix} 5 & -7 \\ 5 & -15 \end{pmatrix}。$$

你会发现，方阵的加法很自然并且是交换的（即 $A+B=B+A$），但乘法有点奇怪，并且还不一定是交换的（即通常 AB 不等于 BA，如上面两个具体乘法的例子就不交换）。实际上这种乘法也是很自然的，主要来自变换。例如，坐标平面上作一次保持原点不动的坐标变换，可以看成是一个 2 阶方阵；而依次作两次这类变换，刚好是相应的两个 2 阶方阵的乘法。

代数学中所涉及的许多运算都是非交换的，这也是代数学多彩的一面。

你也可以试着把上述 2 阶的情形推广到任意有限阶（如 3 阶），也可以把有理数都换成实数或复数。

四、向量(vector)

一个三维的实向量可以写成列向量的形式 $\begin{pmatrix} a \\ b \\ c \end{pmatrix}$，其中 a, b, c 是

实数。两个向量可以有加法：

$$\begin{pmatrix} a_1 \\ b_1 \\ c_1 \end{pmatrix} + \begin{pmatrix} a_2 \\ b_2 \\ c_2 \end{pmatrix} = \begin{pmatrix} a_1 + a_2 \\ b_1 + b_2 \\ c_1 + c_2 \end{pmatrix}.$$

还有一种标量乘（称为数乘）：$s\begin{pmatrix} a \\ b \\ c \end{pmatrix} = \begin{pmatrix} sa \\ sb \\ sc \end{pmatrix}$，其中 s 是实数。我们把所有三维实向量的集合称为三维实向量空间。注意它不仅是一个集合，称为向量空间的含义是指还带有上述的加法和数乘。

有几个很特殊的向量 $e_1 = \begin{pmatrix} 1 \\ 0 \\ 0 \end{pmatrix}$，$e_2 = \begin{pmatrix} 0 \\ 1 \\ 0 \end{pmatrix}$，$e_3 = \begin{pmatrix} 0 \\ 0 \\ 1 \end{pmatrix}$，称它们是标准单位向量，那么，任一个向量可以写成它们的线性组合：

$$\begin{pmatrix} a \\ b \\ c \end{pmatrix} = a\begin{pmatrix} 1 \\ 0 \\ 0 \end{pmatrix} + b\begin{pmatrix} 0 \\ 1 \\ 0 \end{pmatrix} + c\begin{pmatrix} 0 \\ 0 \\ 1 \end{pmatrix} = ae_1 + be_2 + ce_3,$$

并且易知上述右边的线性组合的表达式是唯一的，即：若 $ae_1 + be_2 + ce_3 = a'e_1 + b'e_2 + c'e_3$，则必有 $a = a'$，$b = b'$，$c = c'$。我们把具有上述性质的几个向量（即任一个向量可唯一写成这几个向量的线性组合）称为该向量空间的一组基。所以，e_1, e_2, e_3 是一组基，称为标准基。当然还可能有其他的基，如 $\begin{pmatrix} -1 \\ 0 \\ 2 \end{pmatrix}$，$\begin{pmatrix} 1 \\ 1 \\ -2 \end{pmatrix}$，$\begin{pmatrix} 0 \\ \frac{1}{2} \\ 1 \end{pmatrix}$。但要验证这是一组基，需要把任一个向量写成这几个向量的线性组合。你若要直接试试的话，会发现这有点麻烦，并且还需要验证这种写法是唯一的,这也不容易。大学一年级开设的"线性代数"课程将告诉你这实际上并不难,你是否有点期待? 代数学只要涉及向量空间(可以是更高维,甚至是无限维),总是希望去找出一组好的基,如标准单位向量构成的标准基通常就是一组好的基。然而一切基是否是好的基是根据所研究的问题而言的。例如,二维实空间(即平面)中的曲线 $2x^2 - 2xy + 5y^2 - 5 = 0$,我们一下看不出这是什么类型的曲线,但是,作适当的旋转变换后会把它变为椭圆的标准型。这说明原来的标准基(即原坐标轴上的标准单位向量)对该曲线不是一组好的基,而变换以后新的坐标系的标准单位向量才是相对于该曲线的一组好的基。

很遗憾的是,向量之间通常没有"很好"的乘法运算,也就是说,通常不知道如何定义两个向量的乘积仍然是一个向量。你可能觉得这并不难,比如,把各自对应的分量分别乘起来就行了:

$$\begin{pmatrix} a_1 \\ b_1 \\ c_1 \end{pmatrix} \begin{pmatrix} a_2 \\ b_2 \\ c_2 \end{pmatrix} = \begin{pmatrix} a_1 a_2 \\ b_1 b_2 \\ c_1 c_2 \end{pmatrix}.$$

这确实是一种乘法,也很自然(向量的加法不就是类似定义的吗?),有时也会用到,但我要告诉你的是,这样定义的乘法过于平凡,并不够"好",主要是得不到太多新的东西。这里我并不想误导你违背数学的一个基本观念:数学中自然出现的一定是好的! 我只是想说,有时认为自然的也许还不足够好,还需要去发现新的东西,适应并习惯了,也就"自然"了。

3 阶方阵可以与三维向量有一个"好"的乘法:

$$\begin{pmatrix} a_{11} & a_{12} & a_{13} \\ a_{21} & a_{22} & a_{23} \\ a_{31} & a_{32} & a_{33} \end{pmatrix} \begin{pmatrix} a \\ b \\ c \end{pmatrix} = \begin{pmatrix} a_{11}a + a_{12}b + a_{13}c \\ a_{21}a + a_{22b} + a_{23}c \\ a_{31}a + a_{32}b + a_{33}c \end{pmatrix}.$$

严格来讲,这不能叫运算(因为一个集合中的运算是指集合中的两个元素运算后还是这个集合中的一个元素),而应该叫矩阵在向量上的作用。但我们仍然称这为乘法,正像前面的数乘的叫法一样。为什么说这种乘法是好的呢?我们看下面的线性方程组:

$$\begin{cases} a_{11}x_1 + a_{12}x_2 + a_{13}x_3 = a, \\ a_{21}x_1 + a_{22}x_2 + a_{23}x_3 = b, \\ a_{31}x_1 + a_{32}x_2 + a_{33}x_3 = c. \end{cases}$$

根据上面的乘法可以把它写成

$$\begin{pmatrix} a_{11} & a_{12} & a_{13} \\ a_{21} & a_{22} & a_{23} \\ a_{31} & a_{32} & a_{33} \end{pmatrix} \begin{pmatrix} x_1 \\ x_2 \\ x_3 \end{pmatrix} = \begin{pmatrix} a \\ b \\ c \end{pmatrix}.$$

这里的 3 阶方阵称为上述线性方程组的系数矩阵。如果系数矩阵可逆,那么,在上述等式两边同时左乘系数矩阵的逆,就可立即解出线性方程组的解:

$$\begin{pmatrix} x_1 \\ x_2 \\ x_3 \end{pmatrix} = \begin{pmatrix} a_{11} & a_{12} & a_{13} \\ a_{21} & a_{22} & a_{23} \\ a_{31} & a_{32} & a_{33} \end{pmatrix}^{-1} \begin{pmatrix} a \\ b \\ c \end{pmatrix}.$$

这里系数矩阵的逆是指

$$\begin{pmatrix} a_{11} & a_{12} & a_{13} \\ a_{21} & a_{22} & a_{23} \\ a_{31} & a_{32} & a_{33} \end{pmatrix} \begin{pmatrix} a_{11} & a_{12} & a_{13} \\ a_{21} & a_{22} & a_{23} \\ a_{31} & a_{32} & a_{33} \end{pmatrix}^{-1} = \begin{pmatrix} a_{11} & a_{12} & a_{13} \\ a_{21} & a_{22} & a_{23} \\ a_{31} & a_{32} & a_{33} \end{pmatrix}^{-1} \begin{pmatrix} a_{11} & a_{12} & a_{13} \\ a_{21} & a_{22} & a_{23} \\ a_{31} & a_{32} & a_{33} \end{pmatrix},$$

并且它们都等于单位矩阵 $\begin{pmatrix} 1 & 0 & 0 \\ 0 & 1 & 0 \\ 0 & 0 & 1 \end{pmatrix}$。在上面我们实际上还用到一个容易得到的事实:单位矩阵乘任一个向量使得该向量不变,即

$$\begin{pmatrix} 1 & 0 & 0 \\ 0 & 1 & 0 \\ 0 & 0 & 1 \end{pmatrix} \begin{pmatrix} x_1 \\ x_2 \\ x_3 \end{pmatrix} = \begin{pmatrix} x_1 \\ x_2 \\ x_3 \end{pmatrix}。$$

"线性代数"课程的主要内容之一就是讲解线性方程组的求解,并且讲如何比较简单地判断一个矩阵是否可逆并求出逆。当然这不局限于三维,可以类似到任意有限维。

五、群(group)

说到代数学,不得不提到群的概念。尽管群的定义有点抽象,还好它并不复杂,我们可以精确地给出。

定义 设 G 是一个非空集合,并带有一个运算"·"(即对任意两个 $a,b \in G$,有 $a \cdot b$ 是 G 中的元素并且是 G 中唯一的元素)。称 G 是一个群,如果满足下列公理:

(1) 运算有结合律:$(a \cdot b) \cdot c = a \cdot (b \cdot c)$。

(2) 有单位元 e:存在 $e \in G$ 使得对任意 $a \in G$,有 $e \cdot a = a \cdot e = a$。

(3) 任一元有逆元:对任意 $a \in G$,存在 $b \in G$,使得 $a \cdot b = b \cdot a = e$。此时记 $a^{-1} = b$,有 $a \cdot a^{-1} = a^{-1} \cdot a = e$。

如果群 G 中的运算还满足交换律 $a \cdot b = b \cdot a$,那么,称 G 是交换群。

群中的运算记号"·"通常可以省略掉,即有时把 $a \cdot b$ 就写成 ab。

群广泛存在,如数系 $\mathbb{N}$,$\mathbb{Q}$,$\mathbb{R}$,$\mathbb{C}$,只看通常的加法运算,它们都是交换群,此时单位元是 0 且任一个数的逆元是它的负数。以后我们把运算写成加法的群称为加群,此时默认加法是可交换的,并且称关于加法的单位元是零元(通常就记为 0),把元素 a 关于加法的逆元称为负元(通常记为 $-a$)。类似地,四元数全体关于加法运算是一个加群。易知 p 元域关于加法运算是加群，零元是 $\bar{0}$，$\bar{n}$ 的负元是 $-\bar{n}=\overline{p-n}$。2 阶方阵全体关于加法运算也是一个加群，零元是 $\begin{pmatrix} 0 & 0 \\ 0 & 0 \end{pmatrix}$（称为零矩阵），$\begin{pmatrix} a & b \\ c & d \end{pmatrix}$ 的负元是 $\begin{pmatrix} -a & -b \\ -c & -d \end{pmatrix}$。

又如，数系 $\mathbb{Q}$，$\mathbb{R}$，$\mathbb{C}$，它们的非零元全体分别记为 $\mathbb{Q}^\times$，$\mathbb{R}^\times$，$\mathbb{C}^\times$。只看通常的乘法运算，它们都是交换群，此时单位元是 1，且任一个非零数的逆元就是通常的逆。我们把运算写成乘法的群中的乘法运算记号省略掉，把关于乘法的单位元还是称为单位元（通常记为 1），把非零元 a 关于乘法的逆元还是称为逆元（通常也记为 a^{-1}）。类似地，非零四元数全体关于乘法运算是一个群，但不是交换群。同样，p 元域非零元全体（即所有的 $\bar{n}$ 使得 p 不整除 n）关于乘法运算是交换群，单位元是 $\bar{1}$，非零元 $\bar{n}$ 的逆元是 $\overline{n^{p-2}}$。2 阶方阵所有可逆矩阵全体关于乘法运算也是一个群（非交换！），单位元是单位矩阵 $\begin{pmatrix} 1 & 0 \\ 0 & 1 \end{pmatrix}$，不过一个可逆矩阵的逆不太容易明确写出来，有些写起来还行。例如，平面中的任一个旋转可以用矩阵 $\begin{pmatrix} \cos\theta & \sin\theta \\ -\sin\theta & \cos\theta \end{pmatrix}$ 来表示，其中 θ 是旋转角，那么，$\begin{pmatrix} \cos\theta & \sin\theta \\ -\sin\theta & \cos\theta \end{pmatrix}^{-1} = \begin{pmatrix} \cos(-\theta) & \sin(-\theta) \\ -\sin(-\theta) & \cos(-\theta) \end{pmatrix}$。

对于矩阵我们再多说几句。以 3 阶方阵为例，$\boldsymbol{A} = \begin{pmatrix} a_{11} & a_{12} & a_{13} \\ a_{21} & a_{22} & a_{23} \\ a_{31} & a_{32} & a_{33} \end{pmatrix}$ 的转置定义为 $\boldsymbol{A}^{\mathrm{T}} = \begin{pmatrix} a_{11} & a_{12} & a_{13} \\ a_{21} & a_{22} & a_{23} \\ a_{31} & a_{32} & a_{33} \end{pmatrix}$（即原矩阵绕主对角线 a_{11}，a_{22}，a_{33} 做了一次翻转），那么，对任意两个 3 阶方阵 $\boldsymbol{A}$，$\boldsymbol{B}$，易知有 $(\boldsymbol{AB})^{\mathrm{T}} = \boldsymbol{B}^{\mathrm{T}} \boldsymbol{A}^{\mathrm{T}}$。称 $\boldsymbol{A}$ 是正交矩阵，如果 $\boldsymbol{A}\boldsymbol{A}^{\mathrm{T}} = \boldsymbol{A}^{\mathrm{T}}\boldsymbol{A} = \boldsymbol{E}$（其中 $\boldsymbol{E}$ 是单位矩阵），即 $\boldsymbol{A}$ 可逆并且 $\boldsymbol{A}^{-1} = \boldsymbol{A}^{\mathrm{T}}$。可见所有的（3 阶）正交矩阵也构成一个群，称为（3 阶）正交矩阵群，它还是所有（3 阶）可逆

方阵所构成的群[称为(3 阶)一般线性群]的子群(因为是子集合,并且乘法都是矩阵乘法)。一般线性群除了有正交矩阵子群之外,还有其他一些矩阵子群,所有这些矩阵(子)群都很重要,是现代代数学许多研究方向的基本研究对象。

最早出现的群是一个有限集合的所有置换构成的群,是在解一元 n 次多项式方程根式解的过程中出现的。这里的一个置换是指该有限集合到自己的一个双射,也相当于把该集合中的所有元素做了一个重新排列。注意两个置换的合成还是一个置换(因为两个双射的合成还是双射)。所以,若把两个置换的合成看成乘法运算,则可以验证所有置换构成一个群,称为对称群。之所以称为对称群,因为是 n 个变元的对称多项式。一个有 n 个变元的多项式称为对称多项式,如果把所有变元做任意置换后该多项式不变,如 $x_1^2 x_2 + x_1^2 x_3 + x_2^2 x_1 + x_2^2 x_3 + x_3^2 x_1 + x_3^2 x_2$ 是一个有 3 个变元的对称多项式。有一组特殊的对称多项式,称为初等对称多项式,它们分别是:所有 n 个变量的和,所有 n 个变量两两相乘的和,所有 n 个变量三三相乘的和,如此下去,最后是 n 个变量相乘。牛顿(Newton)发现任一个对称多项式可以写成把 n 个初等对称多项式看成新的变量的一个 n 元多项式。由(首项系数为 1 的)一元 n 次多项式的根与系数关系的韦达(Viète)定理可知,若把 n 个变元换成 n 个根,则初等对称多项式实际上就是原一元 n 次多项式的系数(带上可能的正负号)。所以,牛顿的上述结果告诉我们:如果把一个对称多项式的 n 个变量换成 n 个根,那么,该对称多项式实际上是关于相应一元 n 次多项式系数的一个表达式。所谓的解一元 n 次多项式方程的根式解,即找出解的根式表达式,就是要把任一个解(或者至少一个解)表达成所有解的对称多项式并可能带有若干根号的形式。法国数学家拉格朗日(Lagrange)应该是最早明确用到根的置换这一思想,并给出一元 3 次和 4 次方程的解。他在形式上先设出所有的根,并把这些根写成比较简单但尽可能对称的形式(拉格朗日预解式),然后转化为更低次一元方程的解。后来挪威数学家阿贝尔利用这种思想和方法，证明了一般的一元 5 次多项式方程没有根式解！最后，由法国数学家伽罗瓦彻底解决了一元 n 次多项式方程是否有根式解的问题，他提出域并发展了后来被称为伽罗瓦扩域的理论，并把根的置换这个思想发展成"群"（后来被称为伽罗瓦群）。他的结论是：一元 n 次多项式方程有根式解当且仅当它的伽罗瓦群是可解群。也就是说，要判断一个一元 n 次多项式方程是否有根式解，你只需要去计算出它的伽罗瓦群，并且看它是否是可解群。这通常并不容易，但至少当 $n \geqslant 5$ 时可以知道一般来说伽罗瓦群不是可解群，所以，伽罗瓦也再次证明一般的一元 $n \geqslant 5$ 次的多项式方程没有根式解。伽罗瓦的理论实际上是抽象群论的开始，也是近现代抽象代数学开始的标志。

六、其他代数类以及与代数相关的数学结构

前面已提到并稍微解释过域的概念，我们把它说得再精确一点。一个域是一个加群，并且所有的非零元全体是一个交换乘法群，其中的乘法对加法有分配律，如有理数域、实数域、复数域、p 元域等。如果仅仅放弃乘法的交换性，得到的称为可除环，如四元数全体是可除环。如果再放弃非零元可逆的条件，得到的称为环。此时，若乘法还交换，则称为交换环；如整数全体是交换环，n 阶方阵全体是非交换环。我们把这些倒过来再更精确地说一遍：一个环是一个带有加法运算和乘法运算的非空集合，使得关于加法构成加群，乘法有结合律并且乘法对加法有左右分配律（这里乘法不要求交换，必须考虑左边和右边的乘法所给出的分配律）；一个可除环是一个环，并且每个非零元可逆；一个域是一个交换的可除环。

一个域上的线性空间（也称为域上的向量空间）是一个加群，其中的元素称为向量，并且域中的每个元可以乘一个向量（称为纯量乘，如之前提到的数乘）而得到一个新的向量。这种纯量乘必须满足一些常见的运算律，如分配律等。顺便说一下，要满足一定的运算

律,才能使运算能够进行。试想一下,假如没有分配律,$2x+3x$ 就不能等于 $5x$,并且对 $(x-2x)(3x+5x)$ 等式子你也无能为力,只能看着它。所以,如果要精确地给出一个代数概念的定义,我们往往会不厌其烦地把运算律作为公理条件列出来,尽管这样会使得定义有些枯燥,并可能叙述较长。实际上,域上的线性空间的精确定义就比较长,我们上面只是给出简单且本质的描述。之前我们提到的实数域上三维列向量全体,就是一个实数域上的线性空间。另外,复数域是实数域上的(二维)线性空间,四元数环是实数域上的(四维)线性空间。

一个域上的(结合)代数是一个环,也是该域上的线性空间,其中的纯量乘和环中乘法这两种乘尽可能地满足结合律。此时,如果环是交换环,则称为(域上结合的)交换代数。如果复数域是实数域上的(二维)交换代数,四元数环是实数域上的(四维)非交换代数。还有两类基本但很重要的代数:一个域上 n 个变元的多项式全体构成一个交换代数,称为(该域上的 n 元)多项式代数;一个域上的 n 阶方阵全体构成该域上的非交换代数,其中的纯量乘即域中的一个元素乘一个方阵是把该元素乘到每个分量上(类似于列向量的数乘),称为(该域上的 n 阶)全矩阵代数。

整个代数学起源于解一元方程,而其中的结合代数则起源于四元数代数。四元数相对于传统的数系,损失了乘法交换性,为什么不能进一步损失别的东西而得到新的代数结构呢?结合代数就这样在进一步损失非零元可逆的条件之下得到了。

下面我们进一步损失乘法的结合律,用其他运算律来弥补,就可以得到一些有用的非结合代数,如李代数(这里的"李"指挪威数学家 S. Lie)。一个域上的李代数是该域上的线性空间,并且具有(可左右分配的)乘法,称为李乘并记为 $[-,-]$,其中的关键是李乘不满足结合律,而是满足雅可比恒等式:

$$[x,[y,z]]+[y,[z,x]]+[z,[x,y]]=0.$$

例如,三维实向量空间中 e_1, e_2, e_3 是 3 个标准单位向量,对它们定义李乘:$[e_1,e_2]=-[e_2,e_1]=e_3$,$[e_2,e_3]=-[e_3,e_2]=e_1$,$[e_3,e_1]=-[e_1,e_3]=e_2$,以及 $[e_i,e_i]=\mathbf{0}$,$i=1,2,3$,那么,可以直接验证这 3 个标准单位向量满足雅可比(Jacobi)恒等式;设 $\boldsymbol{\alpha}=a_1e_1+a_2e_2+a_3e_3$,$\boldsymbol{\beta}=b_1e_1+b_2e_2+b_3e_3$,并且根据分配律定义 $\boldsymbol{\alpha}$ 与 $\boldsymbol{\beta}$ 的李乘:

$$\begin{aligned}[\boldsymbol{\alpha},\boldsymbol{\beta}]=&a_1b_1[e_1,e_1]+a_1b_2[e_1,e_2]+a_1b_3[e_1,e_3]\\&+a_2b_1[e_2,e_1]+a_2b_2[e_2,e_2]+a_2b_3[e_2,e_3]\\&+a_3b_1[e_3,e_1]+a_3b_2[e_3,e_2]+a_3b_3[e_3,e_3]\\=&(a_1b_2-a_2b_1)[e_1,e_2]+(a_2b_3-a_3b_2)[e_2,e_3]\\&+(a_3b_1-a_1b_3)[e_3,e_1],\end{aligned}$$

那么,由 3 个标准单位向量满足雅可比恒等式易知,任意两个向量按上述定义的李乘也满足雅可比恒等式,即三维实向量空间在上述李乘之下构成一个实数域上的李代数。另外,对于一个结合代数,定义李乘为换位子:$[x,y]=xy-yx$,那么,可直接验证有雅可比恒等式,故该结合代数也自然成为一个李代数。

在代数学中,上述的群、环、域、结合代数、李代数等都是最基本的代数类。

下面我们再快速地描述一些与代数直接相关的重要研究领域或方向。

代数几何是代数与几何的结合,主要研究多元多项式方程组的解(又称为零点)。例如,实平面中椭圆、抛物线、双曲线等曲线(这些是典型的几何对象)就是一些二元多项式零点的集合。又如,三维实空间中的椭球面等曲面是一些三元多项式零点的集合。代数几何的特点是由多元多项式方程组的零点集合(又称为仿射代数簇)可以作为闭集来定义一个拓扑,称为扎里斯基(Zariski)拓扑。一个实空间,如果用通常的距离来定义的拓扑空间就是通常的欧几里得(Euclid,

约公元前330—公元前275)空间,而如果用扎里斯基拓扑来定义的拓扑空间就称为仿射空间。粗略地说,一个流形(manifold)是局部可看成欧氏空间的拓扑空间,这是现代几何与拓扑最基本的研究对象;一个簇(variety)是局部可看成仿射空间的拓扑空间,这是代数几何最基本的研究对象。代数群是群与簇的结合,即它是一个群的同时又是一个簇,并且要求群的乘法和逆在簇的意义下是正则的;李群是群与流形的结合,使得群的乘法和逆在流形的意义下是光滑的。例如,我们前面提到的实数域上的所有可逆矩阵全体构成的群以及它的一些特殊的子群,都是很典型的代数群和李群的例子。代数几何与数论的结合称为算数代数几何(简称为算数几何)。以上的每一类交叉结合都构成了数学的(不仅仅是代数的)一个内容丰富且深入的研究领域或方向。近现代的代数学中表示论还占有很重要的地位,所谓一个代数体系(可以是群、结合代数、李代数、代数群、李群等)的一个表示就是线性空间,并且该代数体系在该线性空间上有作用,此时,该代数体系中的每个元素作用在向量上可以看成是一个矩阵在该向量上的作用。简单地说,研究表示就是尽可能地把一个代数体系看成一些矩阵,而较抽象的代数体系中的乘法就可看成是我们前面定义的比较具体的矩阵的乘法。可能我把表示说得过于简单,情况远非如此。实际上,每个代数体系的结构不同,研究它表示的方法也很不同,内容非常丰富,难度通常都很大。

用一句话来说就是:代数学庞大,研究方向多,内容多彩缤纷,大有用武之地!

四川大学数学学院 彭联刚

哈恩-巴拿赫延拓定理
打开无穷维空间大门的钥匙

一、引言

哈恩-巴拿赫(Hahn-Banach)延拓定理是泛函分析的基石,是打开无穷维空间大门的金钥匙,也是整个数学中最基本的定理之一。为了领略这一定理的风貌,我们先从宏观上认识"泛函分析"。泛函分析的诞生和发展,一方面,源于数学内部矛盾解决的需求;另一方面,也在很大程度上受到来自物理和工程领域中实际问题的驱动。在数学领域,积分微分方程的求解、各种变分问题、数学规划、运筹优化以及控制论等学科中出现的各种数学问题,都可抽象为各种函数空间上的算子或泛函的研究。在数学之外,特别在物理类学科,正如M·里德(M. Read)和B·西蒙(B. Simon)在他们的专著《现代数学物理方法》(*Methods of Modern Mathematical Physics*)卷Ⅰ中的前言所说:"自1926年以来,物理学的前沿与日俱增集中在量子力学,以及奠定量子理论的相关物理分支,包括原子物理、核物理、固态物理和基本离子物理等,而这些分支的数学基础就是泛函分析。"现今,泛函分析不仅是大学数学院系的主干课程之一,物理类学科也把泛函分析作为学生必备的基础知识。

泛函分析发展到今天,一大批数学家做出了贡献,其中的代表性人物应属德国数学家希尔伯特、匈牙利裔美国数学家纽曼（von Neumann，1903—1957）和波兰数学家巴拿赫（Banach，1892—1945），见图 1 至图 3。

图 1　希尔伯特　　　　图 2　纽曼　　　　图 3　巴拿赫

古典泛函分析的主要内容是线性泛函分析。1932 年，波兰学派的领袖人物巴拿赫出版了第一部《线性运算理论》(Theory of Linear Operations)的著作，标志着泛函分析作为一门新的数学分支成为数学大家庭中的一员。今天大学数学院系为本科生开设的"泛函分析"课程的主要内容就是线性泛函分析。非线性泛函分析、数值泛函分析、几何泛函分析以及应用泛函分析在半个世纪以来发展迅速，已形成一个庞大的学科体系，这也使得我们无法在此以有限的篇幅对泛函分析进行一个面面俱到的介绍。1986 年，德国数学家蔡德勒（E. Zeidler）在施普林格出版了五大卷鸿篇巨作《非线性函数分析及其应用》(Nonlinear Functional Analysis and Its Applications)。它是泛函分析的一部百科全书，较系统地总结了 20 世纪 80 年代以前泛函分析的发展成就以及在数学和物理等学科领域中的应用。总体来说，泛函分析是一门研究无限维空间的结构和算子的学问。本文将从泛函分析中最基本的概念"泛函"出发，介绍哈恩-巴拿赫关于线性泛函延拓的著名定理。希望读者能从泛函分析的冰山一角——哈恩-巴拿赫延拓定理,领略到泛函分析的精神和力量。

二、泛函是什么?

在中学阶段,我们遇到的大多数函数是一元函数。一个函数就是从一个数集 S 到实数集或复数集的映射。把这个映射记为 f,就称 f 是 S 上的一个函数,并称数集 S 为函数 f 的定义域。三角函数、指数函数和对数函数等,都是我们中学学习的内容。泛函是函数概念的推广,定义的方式是类似的,只不过其定义域 S 不必是数集,它可以是任何集合。例如,令 $S = C[0,1]$,闭区间 $[0,1]$ 上的连续函数全体,映射 $f \mapsto \int_0^1 f(x) \mathrm{d}x$ 就是 $C[0,1]$ 上的一个泛函。再如,令 $\mathbb{F}(S)$ 表示数集 S 上所有函数的集,取 S 中一点 s,那么,映射 $f \mapsto f(s)$ 就是 $\mathbb{F}(S)$ 上的一个泛函,这个泛函的定义域就是 S 上所有函数的集合。在泛函分析应用最广泛的例子中,泛函的定义空间(定义域)大多是函数空间,因此,就有"泛函是函数的函数"的说法。泛函是一个非常一般的数学概念,在不同的学科领域,泛函有不同的名称。

我们谈到函数,当只有一个自变量时,就称为一元函数;当自变量个数 $n \geqslant 2$ 时,就称为多元函数。大学的数学专业开设的第一门专业基础课叫做"数学分析",这门课程主要研究函数的极限、连续性和函数的微积分等内容。欧氏空间上的极限理论是这门课程的基础。中学生需要学一点极限的知识,因为它是描述事物发展变化的基本数学语言和方法,也是近代分析数学的起点。我们知道,极限的概念源自"距离"。在直线 $\mathbb{R}$ 上,两点之间的距离是 $d(x, y) = |x - y|$;在 n 维欧氏空间 $\mathbb{R}^n$ 上,两点之间的距离是

$$d(\boldsymbol{x}, \boldsymbol{y}) = \sqrt{(x_1 - y_1)^2 + \cdots + (x_n - y_n)^2}.$$

欧氏空间 $\mathbb{R}^n$ 上的距离有 3 条典型性质：

(1) $d(x, y) \geqslant 0$；$d(x, y) = 0$ 当且仅当 $x = y$；

(2) $d(x, y) = d(y, x)$ (对称性)；

(3) $d(x, z) \leqslant d(x, y) + d(y, z)$ (三角不等式)。

数学家把这 3 条性质抽象出来，就有了度量空间的概念。

设 X 是一个非空集，如果 X 上有一个两元函数 $d(x, y)$ 满足上述 3 条公理，我们就称 (X, d) 是一个度量空间。度量空间上一个点列 $\{x_n\}$ 收敛到 x_0 是指：当 $n \to \infty$ 时，$d(x_n, x_0) \to 0$。有了极限理论后，我们就可讨论度量空间上泛函的连续性、微积分等问题。

前面我们谈到，泛函分析主要研究无限维线性空间上的数学。因此，把有限维空间的一些基本概念推广到无限维是泛函分析发展的一个重要步骤。注意到 n 维欧氏空间 $\mathbb{R}^n$ 上的度量是由向量 $x = (x_1, \cdots, x_n)$ 的模长 $\|x\| = \sqrt{x_1^2 + \cdots + x_n^2}$ 定义的，即

$$d(x, y) = \|x - y\|。$$

因此，向量的模长是欧氏空间的一个基本概念，它具有下面的典型性质：

(1) $\|x\| \geqslant 0$，$\|x\| = 0$ 当且仅当 $x = \mathbf{0}$；

(2) $\|\alpha x\| = |\alpha| \|x\|$ (齐次性)；

(3) $\|x + y\| \leqslant \|x\| + \|y\|$ (三角不等式)。

类似于度量空间的定义，把这 3 条性质抽象出来，就有了赋范空间的概念。

设 X 是实(复)的线性空间，如果泛函 $\|\cdot\| : X \to [0, +\infty)$ 满足上述 3 条公理，就称 $(X, \|\cdot\|)$ 是一个赋范线性空间，数值 $\|x\|$ 称为 x 的范数。赋范空间上有自然的度量

$$d(x, y) = \|x - y\|。$$

欧氏空间完美的极限理论根植于欧氏空间的完备性，即每一个柯西

(Cauchy)列都收敛。同样，在泛函分析的研究中，我们常常要求泛函的定义空间是完备的，即要求空间中的每一个柯西列都收敛。完备的赋范空间称为巴拿赫空间。巴拿赫空间的典型例子有：哈代(Hardy)空间、贝格曼(Bergman)空间、索伯列夫(Sobolev)空间、奥尔利奇(Orlicz)空间、L^p空间以及一般的希尔伯特空间等。赋范空间的进一步推广就是拓扑线性空间，我们这里不再赘述。

三、哈恩-巴拿赫延拓定理

设 X 是实数域 $\mathbb{R}$ 上的一个线性空间，F 是 X 上的一个线性泛函，是指 $F(\alpha x + \beta y) = \alpha F(x) + \beta F(y)$，其中 α，β 是实数。容易验证 n - 维欧氏空间 $\mathbb{R}^n$ 上的线性泛函都具有下面的形式：

$$F(\boldsymbol{x}) = a_1 x_1 + \cdots + a_n x_n。$$

线性泛函是线性函数到无限维空间的推广。在数学与物理的实际应用中，我们常常要求泛函满足一定的约束条件，满足约束条件的泛函的存在性是泛函分析中的基本问题之一。哈恩-巴拿赫延拓定理的大意是：在子空间上满足某种约束条件的线性泛函一定可以延拓为整个空间上的一个线性泛函，并且延拓得到的线性泛函也满足同样的约束条件。

线性空间 X 上的一个实泛函 $P: X \to \mathbb{R}$ 称为次线性的，如果 $P(x+y) \leqslant P(x) + P(y)$，并且 $P(tx) = tP(x)$, $t \geqslant 0$, $x, y \in X$。

哈恩-巴拿赫延拓定理 设 $P: X \to \mathbb{R}$ 是 X 上的一个次线性泛函，Y 是 X 的一个线性子空间，并且 $F: Y \to \mathbb{R}$ 是 Y 上的一个线性泛函，它满足 $F(y) \leqslant P(y)$，$y \in Y$，那么，F 可延拓为 X 上的一个线性泛函，仍记为 F，使得对所有的 $x \in X$，都成立 $F(x) \leqslant P(x)$。

在大多数实际问题的应用中，常常先构造出有限维子空间上的线性泛函，然后通过哈恩-巴拿赫定理延拓到整个无穷维空间上。因此，

图 4　哈恩

哈恩-巴拿赫延拓定理是打开无穷维空间大门的钥匙。图 4 所示为奥地利数学家汉斯·哈恩（Hans Hahn, 1879—1934）。我们在这里不打算介绍这些常规的应用，而是转向对现代分析产生重大影响的勒贝格（Lebesgue）测度和积分理论，并通过哈恩-巴拿赫延拓定理来认识这一理论的前世今生。

设 f 是定义在 $\mathbb{R}$ 上的一个实函数，f 的支撑 S_f 定义为集 $\{x : f(x) \neq 0\}$ 的闭包。如果 f 的支撑集包含在一个有限长度的区间内，就称 f 具有有界的支撑。如果 f 的值域包含在一个具有有限长度的区间内，就称 f 是有界的函数。设 X 是 $\mathbb{R}$ 上所有具有有界支撑的有界实函数全体，那么，X 是实数域 $\mathbb{R}$ 上的一个线性空间。若 $E \subseteq \mathbb{R}$，用 χ_E 表示 E 的特征函数，即：函数在 E 中的点取值为 1，在 E 外的点取值为 0。定义 X 的线性子空间

$$Y = \left\{ f = \sum_{i=1}^{n} c_i \chi_{(a_i, b_i]} : a_i, b_i, c_i \text{ 是实数}, a_i \leqslant b_i; n \text{ 是自然数} \right\}.$$

在 Y 上定义泛函

$$F : f = \sum_{i=1}^{n} c_i \chi_{(a_i, b_i]} \mapsto \sum_{i=1}^{n} c_i (b_i - a_i).$$

经过细致的分析并结合数学归纳法，不难证明泛函 F 是良定义的，并且显然 F 是一个线性泛函。在 X 上定义泛函

$$P(f) = \inf_{g \in Y, g \geqslant f} F(g), \quad f \in X,$$

那么，P 是 X 上的次线性泛函（这个结论不是显然的，需要花点时间去证明），并且

$$-P(-f) \leqslant F(f) \leqslant P(f), \quad f \in Y.$$

由哈恩-巴拿赫延拓定理,子空间 Y 上的泛函 F 可延拓为 X 上的一个满足上面约束条件的线性泛函,且仍记为 F。对 $\mathbb{R}$ 的每一个有界子集 E,定义

$$\mu(E) = F(\chi_E)。$$

根据延拓泛函 F 的性质,我们有下列结论:

(1) $\mu(E) \geqslant 0$,当 $b \geqslant a$ 时,$\mu((a, b]) = b - a$;

(2) μ 是有限可加的,即:对任何有限个两两不交的有界集 $E_1, \cdots, E_n$,都有

$$\mu(\bigcup_{i=1}^{n} E_i) = \mu(E_1) + \cdots + \mu(E_n)。$$

因此,对 $\forall E \subseteq \mathbb{R}$,定义 $\mu(E) = \lim_{n \to \infty} \mu(E \cap (-n, n])$,那么,$\mu(E)$ 也满足上面的性质(1)和(2)。

上面构造的集函数 μ 可以认为是长度概念的一种推广,即:对直线的任何子集 E,我们可以定义一种广义的"长度" $\mu(E)$。然而这种广义的"长度"未必是唯一的(因为延拓泛函一般不是唯一的)。人们可把前面在直线上构造广义"长度" μ 的过程逐字逐句搬到 n 维欧氏空间 $\mathbb{R}^n$ 上,从而得到定义在 $\mathbb{R}^n$ 的所有子集上的一种广义 n 维"体积"。

哈恩-巴拿赫延拓定理的证明依赖于集合论中的佐恩(Zorn)引理。叙述佐恩引理需要更多的数学概念,它远离人们的物理直观,但佐恩引理从逻辑上等价于选择公理。正如欧几里得公设在平面几何中的角色一样,选择公理是泛函分析诞生和发展的逻辑基础。这条公理大致可表述如下:

选择公理 设 C 是由某些非空集构成的一个集族,那么,在 C 上存在一个选择函数 F,它满足 $F(A) \in A$,$\forall A \in C$。

四、哈恩-巴拿赫延拓定理的半群形式

哈恩-巴拿赫延拓定理有各种推广形式。下面我们介绍哈恩-巴

拿赫延拓定理的半群形式。一个半群 G 在线性空间 X 上的作用是指对每个 $a \in G$, $ax \in X$,并且满足:

(1) $\forall x \in X$,有 $ex = x$,其中 e 是 G 的单位元;

(2) $\forall x, y \in X, \alpha, \beta \in \mathbb{R}, a \in G$,有 $a(\alpha x + \beta y) = \alpha(ax) + \beta(ay)$;

(3) $\forall a, b \in G, x \in X$,有 $(ab)x = a(bx)$。

下面是哈恩-巴拿赫延拓定理的半群形式,定理要求半群 G 具有顺从性质。顺从性质是半群理论中的一个重要概念,这里不做解释,但我们知道阿贝尔半群具有顺从性质。

哈恩-巴拿赫延拓定理(半群形式) 我们沿用"三、哈恩-巴拿赫延拓定理"中的假设,进一步假设半群 G 是顺从的,并且它作用在 X 上。同时满足:

(1) $GY \subset Y$;

(2) $P(ax) = P(x)$, $x \in X$, $a \in G$;

(3) $F(ay) = F(y)$, $y \in Y$, $a \in G$,

则 F 可延拓到 X 上的一个线性泛函,仍记为 F,使得对所有的 $x \in X$,都有 $F(x) \leqslant P(x)$ 成立,并且对任何 $a \in G, x \in X$,都有 $F(ax) = F(x)$。

我们再回到"三、哈恩-巴拿赫延拓定理"中广义"长度"的例子。考虑把实数域 $\mathbb{R}$ 作为加法群,它是一个阿贝尔群。我们通过下面的方式定义实数在 X 上的作用。对每个实数 s,在 X 上定义平移算子 $\tau_s f(x) = f(x - s)$。容易验证

$$\tau_s Y = Y, \ F(\tau_s g) = F(g), \ g \in Y,$$

以及 $P(\tau_s f) = P(f)$, $f \in X$。应用哈恩-巴拿赫延拓定理的半群形式,存在 F 到 X 上的一个线性延拓,仍记为 F,它满足平移不变性,即

$$F(\tau_s f) = F(f), s \in \mathbb{R}, f \in X.$$

因此,在实直线 $\mathbb{R}$ 的所有子集上存在一个广义"长度" μ,除满足"三、

哈恩-巴拿赫延拓定理"中的性质(1)和(2)外,还满足下述性质(3)。

(3) μ 是平移不变的,即:对任何实数 s 和任何子集 $E \subseteq \mathbb{R}$,$\mu(s+E) = \mu(E)$。

在分析数学中,我们常常会遇到求极限的问题。这就需要广义的"长度"满足更高的要求——"可数可加性",即:对任何一列两两不交的 $E_1, E_2, \cdots$,都有

$$\mu(\bigcup_{i=1}^{\infty} E_i) = \mu(E_1) + \mu(E_2) \cdots 。$$

下面我们说明上面构造的满足性质(1),(2)和(3)的广义的"长度"μ 不满足"可数可加性"。事实上,在 $\mathbb{R}$ 上定义等价关系"$x \sim y$ 当且仅当 $x - y \in \mathbb{Q}$",这里$\mathbb{Q}$表示有理数集。在这个等价关系下,实数集分成若干等价类。应用选择公理在每个等价类中取一个属于$[0, 1]$的元素构成一个集合 E,则有

$$[0, 1] \subseteq \bigcup_{q \in \mathbb{Q} \cap [-1, 1]} (E + q) \subseteq [-1, 2]。$$

注意到有理数集是可数的,上式蕴含了

$$1 = \mu([0, 1]) \leqslant \sum_{q \in \mathbb{Q} \cap [-1, 1]} \mu(E + q)$$
$$= \sum_{q \in \mathbb{Q} \cap [-1, 1]} \mu(E) \leqslant \mu([-1, 2]) = 3。$$

上面第二个 $\sum$ 是 $\mu(E)$ 无限次求和,因此,上面的不等式是不可能成立的。这说明具有"可数可加性"的广义"长度"只能定义在实直线 $\mathbb{R}$ 的部分子集上。怎样构造具有"可数可加性"的广义"长度"? 这就是大学数学专业的主干课程"实变函数"中的勒贝格测度和积分的内容。图 5 所示为法国数学家勒贝格(Lebesgue, 1875—1941)。

图 5　勒贝格

前面我们证明了在实直线 $\mathbb{R}$ 的所有子集上,存在一种非平凡的平移不变的广义"长度",那么,在平面 $\mathbb{R}^2$ 的所有子集上,以及三维空间 $\mathbb{R}^3$ 的所有子集上,是否存在非平凡的并且保持平移和旋转不变的广义"面积"和广义"体积"? 在平面的情形,答案是"Yes"! 应用群论的知识,人们可以证明平面上由平移和旋转生成的群是顺从的。因此,在平面的情形可以像直线的情况一样,应用哈恩-巴拿赫延拓定理的半群形式得到和直线相同的结论。有理由相信,同样的结论在三维和更高维欧氏空间也是成立的。然而事实出乎人的意料,在三维和更高维欧氏空间上保持平移和旋转不变的广义"体积"并不存在。以三维为例,这一"悖论"出现的原因在于三维空间 $\mathbb{R}^3$ 上由平移和旋转生成的群是非顺从的。因为对非顺从的半群,哈恩-巴拿赫延拓定理的半群版本一般不再成立,这就导致了下面这一奇怪的现象——巴拿赫-塔尔斯基(Banach-Tarski)现象:$\mathbb{R}^3$ 中的任何一个球,可分割成5"块",其中两"块"经过平移和旋转拼成和原球相同大小的一个球,剩下3"块"也能拼成和原球相同大小的一个球。当然,这其中至少有一"块"不是勒贝格可测的,通俗地讲,至少有一"块"是带有"奇形怪状"的病态。而在一维和二维情形,这种情况不会发生,即:任何一个区间不能分割成有限份,经过平移拼成和原区间相同长度的两个区间。同样地,平面上的任何圆盘不能分割成有限份,通过平移和旋转拼成和原圆盘相同大小的两个圆盘。

五、哈恩-巴拿赫延拓定理的几何形式

哈恩-巴拿赫延拓定理在巴拿赫空间的几何学以及数学规划和运筹优化中有广泛的应用。在平面及三维欧氏空间,平面几何和立体几何是古典几何的基本内容。在无限维线性空间,尽管我们不再有明显的几何直观,但仍可以对一些典型几何对象引入分析、进行研究。线性空间中最简单的几何对象是凸集。从凸集出发,就可以引发出一系列深刻的数学理论,主要思路如下:

线性空间 $\xrightarrow{\text{几何}}$ 凸集 $\xrightarrow{\text{分析}}$ 闵可夫斯基泛函。

图 6 所示为俄裔德国数学家、物理学家闵可夫斯基(Minkowski，1864—1909)。

设 V 是线性空间 X 中的一个凸集，即：对任何 $x, y \in V$，都有

$$tx + (1-t)y \in V, \ 0 \leqslant t \leqslant 1。$$

一个凸集 V 称为是吸收的，如果 $0 \in V$，且对任何 $x \in X$，存在 $t > 0$，使得 $x \in tV$。一个吸收凸集 V 的闵可夫斯基泛函定义为

图 6　闵可夫斯基

$$P(x) = \inf\{t \geqslant 0 : x \in tV\}, \ x \in X。$$

可以证明下面的命题。

命题　$P(x)$ 有下面的性质：

(1) $P(x) \geqslant 0$，$P(0) = 0$；

(2) $P(tx) = tP(x)$，$t \geqslant 0$，$x \in X$；

(3) $P(x+y) \leqslant P(x) + P(y)$，$x, y \in X$；

此外，如果 V 是对称的，即 $-V = V$，则

(4) $P(\alpha x) = |\alpha| P(x)$，$\alpha \in \mathbb{R}$。

因此，对每一个吸收凸集 V，闵可夫斯基泛函 $P(x)$ 是 X 上的一个次线性泛函，且当 V 对称时，$P(x)$ 是 X 上的一个半范数。

哈恩-巴拿赫延拓定理(几何形式)　设 X 是一个实线性空间，V 是 X 的一个吸收凸集，$P(x)$ 是 V 的闵可夫斯基泛函，$x_0 \notin V$，那么，在 X 上存在一个实线性泛函 F，满足

$$-P(-x) \leqslant F(x) \leqslant P(x), \ x \in X, \text{并且} F(x_0) = 1。$$

特别地，当 V 对称时，$-1 \leqslant F|_V \leqslant 1$。

在 $\mathbb{R}^n$ 上的每一个线性泛函有形式 $F(\boldsymbol{x})=a_1x_1+\cdots+a_nx_n$，因此，$\mathbb{R}^n$ 中的超平面可由线性泛函表达出来，即方程 $F(\boldsymbol{x})=c$，其中 c 是一个实数。把这一想法推广到一般的线性空间上，定义线性空间 X 中的超平面为 $F(x)=c$，其中 F 是 X 上的一个非零线性泛函，c 是一个实数。因此，从几何的角度，哈恩-巴拿赫延拓定理表明：对每个吸收凸集 V，$x_0 \notin V$，都存在过 x_0 点的一个超平面 $F(x)=1$，V 位于这个超平面的一侧。

应用哈恩-巴拿赫定理的几何形式，容易证明下面的凸集分离定理。凸集分离定理是巴拿赫空间几何学研究的出发点，它也在数学规划以及运筹优化理论中有广泛的应用。

线性空间 X 中的一个凸集 V 称为平移可吸收的，如果存在 $x \in V$，使得 $V-x$ 是吸收的。

凸集分离定理 设 V,W 是 X 中的两个不相交的凸集，且至少之一是平移可吸收的，那么，存在一个超平面 $F(x)=c$，使得 V,W 分别位于超平面的两侧，即

$$\sup_W F(x) \leqslant c \leqslant \inf_V F(x)。$$

在平面和三维空间的情形，用初等方法证明这个定理也是不容易的。

凸集分离定理是数学规划以及优化理论的基础。设 V 是线性空间 X 的一个凸子集，定义在 V 上的一个实泛函 F 称为凸的，如果对任何 $x,y \in V$ 以及 $0 \leqslant t \leqslant 1$，

$$F(tx+(1-t)y) \leqslant tF(x)+(1-t)F(y)$$

都成立，这等价于 $\mathrm{epi}(F)=\{(x,t) \in V \times \mathbb{R}: F(x) \leqslant t\}$ 是 $X \times \mathbb{R}$ 中的凸集。凸泛函是数学分析中凸函数概念的推广。凸泛函最简单的例子是线性空间 X 上的次线性泛函。

凸规划问题是给定凸集 V 上的凸泛函 $F,G_1,\cdots,G_m$，求 $x_0 \in$

V, 使得

$$F(x_0) = \min\{F(x): x \in V, G_1(x) \leqslant 0, \cdots, G_m(x) \leqslant 0\}.$$

处理凸规划问题的基本方法是应用凸集分离定理和拉格朗日(Lagrange)乘子建立起来的库恩-塔克(Kuhn-Tucker)理论。

设 V 是 X 的一个子集，并且 $x \in V$，称 x 是 V 的一个端点，如果 x 不能表为 V 中两个不同点的凸组合，即：若 $x = ty + (1-t)z$，$y, z \in V$，$0 < t < 1$，那么，$x = y = z$。由凸集分离定理，容易推出：若 V 是平移可吸收的，x 是 V 的一个端点，则存在过点 x 的一个超平面 $F(x) = c$，使得 V 位于超平面的一侧。

线性空间 X 的子集是否存在端点是一个深刻的数学问题。给定一个子集 V，用 $\mathfrak{E}(V)$ 表示 V 的所有端点之集。我们先看下面的例子。

考虑 $X = \mathbb{R}^2$ 的两个凸子集，

$$V = \{(x, y) \in \mathbb{R}^2: x^2 + y^2 < 1\},$$
$$\overline{V} = \{(x, y) \in \mathbb{R}^2: x^2 + y^2 \leqslant 1\},$$

那么，不难验证 $\mathfrak{E}(V) = \varnothing$，$\mathfrak{E}(\overline{V}) = \{(x, y) \in \mathbb{R}^2: x^2 + y^2 = 1\}$。因此，即使在平面上，凸子集也未必有端点。注意到上面的 V 是凸开集，$\overline{V}$ 是闭的。是否平面上每一个非空的有界闭集都有端点？答案是肯定的，结论包含在下面的克莱因-米尔曼(Krein-Milman)定理中。在无限维巴拿赫空间的情形，有界的闭凸集也未必有端点，一个简单的例子是勒贝格可积函数空间 $L^1[a, b]$ 的闭单位球。

克莱因-米尔曼定理是凸集理论的一个基本结果，其证明基于哈恩-巴拿赫延拓定理和凸集分离定理。设 V 是局部凸拓扑线性空间 X 的一个子集，V 的凸包定义为包含 V 的最小凸集，即它由 V 的元素凸组合生成，记为 $\mathrm{co}(V)$。

克莱因-米尔曼定理 设 V 是一个局部凸拓扑线性空间 X 的非

空紧子集,那么,我们有

(1) $\mathfrak{E}(V) \neq \varnothing$,并且 $V \subseteq \overline{\mathrm{co}}[\mathfrak{E}(V)]$;

(2) 如果 V 是凸的,那么,$V \subseteq \overline{\mathrm{co}}[\mathfrak{E}(K)]$,即 V 是其端点凸组合的闭包;

(3) 如果 V 是凸的,并且 W 是 V 的一个子集,使得 $V = \overline{\mathrm{co}}(W)$,那么,$\mathfrak{E}(V) \subseteq \overline{W}$。

当 V 是平面上一个非空的有界闭集时,请尝试用初等方法给出这个定理的证明。

应用克莱因-米尔曼定理,容易推出在凸分析以及优化理论中的一些基本定理。

推论 1 设 K 是局部凸拓扑线性空间 X 中的非空紧凸集,且 F 是 K 上一个凸泛函,则

$$\max_K F(x) = \max_{\mathfrak{E}(K)} F(x)。$$

推论 2 设 K 是 $\mathbb{R}^n$ 中一个多面体,$S = \{w_1, \cdots, w_m\}$ 是 K 的顶点,则

(1) $f(x) = a_1 x_1 + \cdots + a_n x_n + c$ 是实线性函数,则

$$\max_K f(x) = \max\{f(w_1), \cdots, f(w_m)\},$$
$$\min_K f(x) = \min\{f(w_1), \cdots, f(w_m)\};$$

(2) 如果 K 是 $\mathbb{R}^n$ 中的凸多面体,且 F 是 K 上一个凸函数,则有

$$\max_K F(x) = \max\{F(w_1), \cdots, F(w_m)\}。$$

参考文献

[1] S. Banach. *Theory of Linear Operations*, North-Holland, Amsterdam, 1987

[2] J. Dieudonne. *History of Functional Analysis*, North-Holland Publishing Company, 1981

[3] J. V. Neumann. *Mathematical Foundations of Quantum Mechanics*, Princeton University Press, Princeton, NJ, 1955

[4] M. Reed, B. Simon. *Methods of Modern Mathematical Physics*, Vols. I - IV. Academic Press, New York, 1980

[5] E. Zeidler. *Nonlinear Functional and Its Applications*, Vols. I, II/A, II/B, III, IV. Springer-Verlag, New York, 1986

[6] 郭坤宇. 算子理论基础. 复旦大学出版社, 2004

复旦大学数学科学学院　郭坤宇

分形几何简介

本文简要介绍分形几何的研究对象和研究方法。

在中学里,我们学习的是平面几何、解析几何、立体几何,涉及的研究对象包括线段、三角形、圆、双曲线等规则的图形。于是,一个自然的问题是:

对于不规则的图形,如海岸线、云的边界、山脉的轮廓线、闪电产生的曲线等,我们有没有好的方法去研究它们?

事实上,我们可以把这个问题看作是分形几何产生的重要背景。而分形几何也被称为"大自然的几何"。

一、经典的分形集

在 19 世纪末、20 世纪初,出现了不少具有"奇怪"性质的函数和集合。时至今日,这些函数和集合已成为分形几何中经典的研究对象。

1. 维尔斯特拉斯函数

在 19 世纪之前,数学家们普遍认为,给定一个区间上的连续函数,除了在个别点之外,在其他地方都是可导的。然而在 1872 年,德国数学家维尔斯特拉斯(Weierstrass)构造了如下的函数(目前被称作维尔斯特拉斯函数):

$$W(x) = \sum_{n=0}^{\infty} \lambda^n \cos(2\pi b^n x), \quad x \in [0, 1], \tag{1}$$

其中 b 是正奇数，$0 < \lambda < 1$。他证明了当 $\lambda b > 1 + \dfrac{3}{2}\pi$ 时，该函数在 $[0, 1]$ 上处处连续，并且处处不可导。

1916 年，英国数学家哈代证明，对于所有的 $0 < \lambda < 1$ 以及 $b > 1$，只要 $\lambda b \geqslant 1$，那么，维尔斯特拉斯函数就是处处连续并且处处不可导的。

维尔斯特拉斯函数的图像 $G = \{(x, W(x)) : x \in [0, 1]\}$ 是一个典型的分形集（见图 1）。

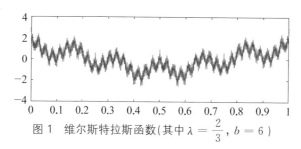

图 1　维尔斯特拉斯函数（其中 $\lambda = \dfrac{2}{3}$，$b = 6$）

2. 康托三分集

康托三分集是由德国数学家康托（Cantor）构造的，其生成方式如下：

令 C_0 是单位闭区间，将 C_0 等分为 3 条线段，去掉中间的开区间 $\left(\dfrac{1}{3}, \dfrac{2}{3}\right)$，将剩下的两个闭子区间的并记作 C_1，即 $C_1 = \left[0, \dfrac{1}{3}\right] \cup \left[\dfrac{2}{3}, 1\right]$。接下来，对每个剩下的闭子区间，将它等分为 3 个部分，去掉中间的部分，将剩下的 4 个长度为 $\dfrac{1}{9}$ 的闭子区间的并记作 C_2，即

$$C_2 = \left[0, \dfrac{1}{9}\right] \cup \left[\dfrac{2}{9}, \dfrac{1}{3}\right] \cup \left[\dfrac{2}{3}, \dfrac{7}{9}\right] \cup \left[\dfrac{8}{9}, 1\right].$$

不停地进行这样的过程,把最后的极限集称为康托三分集(见图 2),记作 C,即

$$C = \bigcap_{n=0}^{\infty} C_n。$$

也就是说,康托三分集是所有 C_n 的交集,其中 n 取遍全体自然数。

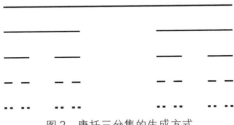

图 2 康托三分集的生成方式

可以看出,康托三分集 C 具有如下性质:

(1) 由于挖去的小区间长度之和等于

$$\frac{1}{3} + 2 \cdot \left(\frac{1}{3}\right)^2 + 2^2 \cdot \left(\frac{1}{3}\right)^2 + \cdots = 1,$$

从而康托三分集是一个"长度为 0"的集合。

(2) 存在从康托三分集 C 到 $[0,1]$ 的一个双射 f,也就是说,我们可以认为,康托三分集 C 与 $[0,1]$ 具有相同的元素个数。

此外,假设 f 是从集合 A 到集合 B 的映射,我们称 f 为单射。如果对于 A 中任意两个不同的元素 x_1 和 x_2,都有 $f(x_1) \neq f(x_2)$,我们称 f 为满射。如果对于 B 中任意元素 y,都存在 A 中元素 x,使得 $f(x) = y$。粗略地说,单射是把不同元素映为不同元素的映射,而满射是把集合 B 映满的映射。如果 f 既是单射,又是满射,我们就称它是一个双射,此时可以认为集合 A 与集合 B 具有相同的元素个数。

(3) 康托三分集的局部与整体是相似的。具体地说,我们把康

托三分集的左边部分(或者右边部分)放大 3 倍,就得到与康托三分集全等的集合。

3. 谢尔宾斯基垫片与谢尔宾斯基地毯

谢尔宾斯基垫片与谢尔宾斯基地毯是由波兰数学家谢尔宾斯基(Sierpinski)构造的,其生成方式与康托三分集类似,读者不难从图 3 和图 4 看出它们的生成方式。

图 3 谢尔宾斯基垫片

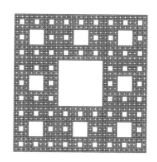
图 4 谢尔宾斯基地毯

粗略地说,谢尔宾斯基垫片与谢尔宾斯基地毯的面积为零,长度为无穷大,而且同样具有局部与整体相似的特点。

4. 科克曲线

科克曲线是由瑞典数学家科克(Koch)构造的,其生成方式如下:记 K_0 为长度为 1 的线段。把 K_0 等分为 3 条线段,以中间的那条线段为底边,撑起一个边长为 $\frac{1}{3}$ 的正三角形,同时去掉底边(但是保留底边的两个端点),这样得到一条折线 K_1,它含有 4 条长度为 $\frac{1}{3}$ 的线段。接下去,对 K_1 的 4 条线段中的每一条重复上述过程,得到一条新的折线 K_2,它由 4^2 条长度为 $\frac{1}{3^2}$ 的线段组成。将这个过程无限进行下去,得到的极限集称为科克曲线(见图 5)。

图 5　科克曲线　　　　图 6　随机科克曲线

5. 随机科克曲线

在前面的例子中构造出的分形集,都是确定性的。下面我们以随机科克曲线为例,介绍用随机的方式构造的分形集。

在科克曲线的构造中,每次去掉线段的中间 $\frac{1}{3}$,用等边三角形的两条边来代替,并且三角形总是"向上"凸的。现在我们改变这种做法,即:三角形可以"向上"凸,也可以"向下"凸,并且用随机的方式决定是"向上"凸还是"向下"凸。例如,我们掷 1 元硬币,出现"1"就为"向上",否则为"向下"。经过很多步后,可以得到一条很不规则的曲线(见图 6)。它与科克曲线有些类似,但又有所不同。最重要的是它已经没有严格的自相似,只有统计上的自相似性。

从图 6 可以发现,随机科克曲线与海岸线非常相似。事实上,利用分形方法,借助计算机对自然景观进行模拟,已经取得了很大的成功,特别是对山、草地、云等都能达到相当逼真的程度。

二、分形集的基本内涵

1975 年,法国数学家曼德布洛特(Mandelbrot)在他的专著《分形对象:形、机遇和维数》中,创造出"分形"(fractal)这个词,它源于意思为"不规则的或者断裂的"的拉丁形容词"fractus"。1982 年,曼德布洛特出版了另一本著作《大自然的分形几何》。在这两本著作中,描述了自然界和数学中不少"不规则"的现象,如海岸线、月球上的火山口、星系的分布、地貌的模型等。

对于把什么样的集合称作分形集,英国数学家法尔科内(Falconer)在他 1990 年出版的专著《分形几何:数学基础及其应用》中,给出了目前被广泛接受的说法:

称集合 F 是分形集,如果它具有如下典型的性质:

(1) F 具有精细结构,即有任意小尺度的细节;

(2) F 是如此的不规则,以至于它的整体和局部都不能用传统的几何语言来描述;

(3) F 通常有某种自相似的形式,可能是近似的或者是统计的;

(4) 一般地,F 的"分形维数"(以某种方式定义)大于它的拓扑维数;

(5) 在大多数令人感兴趣的情形下,F 以非常简单的方式定义,可能由迭代产生。

三、分形维数

分形维数是刻画分形集的基本方法之一,常见的分形维数有盒维数、豪斯道夫(Hausdorff)维数、填充维数等,不少情形下它们是由对应的分形测度来定义的。

在传统意义下,一个集合的维数都是非负整数:点是 0 维的,线是一维的,平面是二维的,立方体是三维的……但是,用这个方法刻画分形集合时会碰到困难。例如,康托三分集含有无穷多个点,但它的长度为 0,所以,说它的维数是 0 或者是 1 似乎都不恰当。那么,是否可以认为康托三分集的维数是介于 0 与 1 之间的某个分数?如果是的话,又该如何去定义?

同样地,对于谢尔宾斯基垫片与科克曲线,它们的长度都是无穷大,但面积都是 0;是否可以认为它们的维数是介于 1 与 2 之间的分数?又该如何定义呢?

为了定义分形维数,我们首先注意到以下的基本事实:把线段放大 2 倍后,所得到的新线段可以看成是由 2 条原来的线段拼接而成的集合；把正方形放大 2 倍后，所得到的新正方形可以看成是由 $4=2^2$ 个原来的正方形拼接而成的集合；把立方体放大 2 倍后，所得到的新立方体可以看成是由 $8=2^3$ 个原来的立方体拼接而成的集合。

因此，我们给出分形维数的直观定义（不很确切）：如果把集合 E 放大 λ 倍，得到的新集合可以由 λ^d 个集合 E 拼贴而成，则称 E 的分形维数是 d。

在直观的定义下，注意到把康托三分集放大 3 倍，所得集合可以由 $2=3^{\log 2/\log 3}$ 个康托三分集拼贴而成，所以，康托三分集的分形维数是 $\log 2/\log 3$。同样地，注意到把谢尔宾斯基垫片放大 2 倍，所得集合可以由 $3=2^{\log 3/\log 2}$ 个谢尔宾斯基垫片拼贴而成，所以，谢尔宾斯基垫片的分形维数是 $\log 3/\log 2$。类似地，谢尔宾斯基地毯的分形维数是 $\log 8/\log 3$，科克曲线的分形维数是 $\log 4/\log 3$。

1. 盒维数

下面我们给出盒维数的确切定义。

给定 $\mathbb{R}^n$ 中的一个有界集合 E。对任意 $\delta>0$，称形如
$$[m_1\delta,(m_1+1)\delta]\times[m_2\delta,(m_2+1)\delta]\times\cdots\times[m_n\delta,(m_n+1)\delta]$$
的集合为一个 δ 坐标网立方体，其中 $m_1, m_2, \cdots, m_n$ 为整数。记 $N_\delta(E)$ 是与 E 相交的 δ 坐标网立方体的个数。如果极限
$$\lim_{\delta\to 0}\frac{\log N_\delta(E)}{-\log\delta}$$
存在，那么，我们称它为 E 的盒维数。

盒维数的定义有如下直观的解释：如果 s 是 E 的分形维数，那么，我们可以"猜想"当 $\delta\to 0$ 时，有 $N_\delta(E)\approx\left(\frac{1}{\delta}\right)^s$，从而 $\log N_\delta(E)\approx s\log\frac{1}{\delta}$，于是 $s\approx\dfrac{\log N_\delta(E)}{-\log\delta}$。

2. 豪斯道夫维数

在通常情形下,豪斯道夫维数是通过豪斯道夫测度来定义的。为了能够更简便地介绍这个概念,我们采用另一种等价的方式来定义。

我们首先引入下确界与上确界的概念。给定一个实数集的子集 A,如果 A 是有限集,那么,A 有最小值和最大值。如果 A 是无限集,那么,一般情形下,A 的最小值和最大值不存在。例如,A 是由以下有理数组成的集合:

$$0, \frac{1}{2}, -\frac{1}{2}, \frac{2}{3}, -\frac{2}{3}, \frac{3}{4}, -\frac{3}{4}, \frac{4}{5}, -\frac{4}{5}, \cdots,$$

不难看出,在这个例子中,-1 与 1 是"最接近于"A 的最小值和最大值。特别地,-1 具有以下两个性质:

(1) -1 小于等于 A 中的任意一个数;

(2) 任何一个严格大于 -1 的实数 a,都可以找到集合 A 中的一个数 x,使得 $x > a$。在这样的意义下,我们把 -1 称为 A 的下确界,记作 $\inf A$。类似地,我们把 1 称为 A 的上确界,记作 $\sup A$。由此可见,下确界和上确界是很自然的概念。

给定 $\mathbb{R}^n$ 中的一个集合 E,我们定义 E 的豪斯道夫维数为

$$\inf \left\{ \begin{array}{l} s \geqslant 0 : \text{对任意正数 } a, \text{存在覆盖 } E \text{ 的一列闭球} \{B_i\}, \\ \text{使得} \sum_{i=1}^{\infty} \operatorname{diam}(B_i)^s < a \end{array} \right\},$$

我们称闭球列 $\{B_i\}$ 覆盖 E,如果 $E \subset \bigcup_{i=1}^{\infty} B_i$;$\operatorname{diam}(B_i)$ 表示球 B_i 的直径。

四、迭代函数系

我们首先介绍与欧式空间 $\mathbb{R}^n$ 相关的一些基本概念。 欧式空间

可以看作是直线、平面、三维空间很自然的推广。粗略地说,直线可以看作一维欧式空间,平面可以看作二维欧式空间。

以二维欧式空间 $\mathbb{R}^2$ 为例,$\mathbb{R}^2$ 中的点可以用 (x, y) 表示,其中 x 与 y 都是实数。任给 $\mathbb{R}^2$ 中的两个点 (x_1, y_1) 与 (x_2, y_2),它们的距离为 $((x_2-x_1)^2+(y_2-y_1)^2)^{1/2}$,它们的和是 (x_1+x_2, y_1+y_2)。称 $(0, 0)$ 为 $\mathbb{R}^2$ 的原点。

因此,对于一般的 n 维欧式空间 $\mathbb{R}^n$,它里面的点可以用 $(x_1, x_2, \cdots, x_n)$ 表示,其中 $x_1, x_2, \cdots, x_n$ 都是实数。任给 $\mathbb{R}^n$ 中的两个点 $(x_1, x_2, \cdots, x_n)$ 与 $(y_1, y_2, \cdots, y_n)$,它们的距离为 $((y_1-x_1)^2+\cdots+(y_n-x_n)^2)^{1/2}$,它们的和是 $(x_1+y_1, \cdots, x_n+y_n)$。称 $(0, \cdots, 0)$ 为 $\mathbb{R}^n$ 的原点。给定 $\mathbb{R}^n$ 中的一个点 $x=(x_1, x_2, \cdots, x_n)$,用 $|x|$ 表示 x 到原点的距离,即

$$|x|=(x_1^2+x_2^2+\cdots+x_n^2)^{1/2}。$$

给定欧式空间 $\mathbb{R}^n$ 的一个子集 A。如果存在一个正数 M,使得对于 A 中的任意元素 x,都有 $|x|<M$,那么,我们称 A 为有界集,也就是说,如果 A 可以包含于原点为球心的某个球,那么,称 A 为有界集。

下面我们介绍闭集和开集的概念。粗略地说,闭集是闭区间以及闭球的推广,开集是开区间以及开球的推广。设 A 是 $\mathbb{R}^n$ 中的一个集合,如果对于 A 中的每一个点 x,都可以找到以这个点为球心的一个球 B_x,使得 $B_x \subseteq A$,那么,我们称 A 是 $\mathbb{R}^n$ 中的一个开集。如果 A 关于 $\mathbb{R}^n$ 的余集 $\mathbb{R}^n \backslash A$ 是开集,那么,我们称 A 是 $\mathbb{R}^n$ 中的一个闭集。

一个集合如果既是有界的,又是闭集,我们简称它是有界闭集。不难看出,前面提到的康托三分集是 $\mathbb{R}$ 中的一个有界闭集,谢尔宾斯基垫片、科克曲线等是 $\mathbb{R}^2$ 中的有界闭集。

1. 迭代函数系的定义

迭代函数系是由伯恩斯利(Barnsley)和德莫克(Demko)引入的,

它是生成分形集的一个有效方式。

设 f 是从 $\mathbb{R}^n$ 到 $\mathbb{R}^n$ 的映射,如果存在 $c \in (0, 1)$,使得对于任意的 $x, y \in \mathbb{R}^n$,有
$$|f(x) - f(y)| \leqslant c|x - y|,$$
则称 f 是 $\mathbb{R}^n$ 上的一个压缩映射。

任意给定 $\mathbb{R}^n$ 上的一族压缩映射 $f_1, f_2, \cdots, f_m$,其中 $m \geqslant 2$,我们就称 $\{\mathbb{R}^n; f_1, f_2, \cdots, f_m\}$ 为 $\mathbb{R}^n$ 上的一个迭代函数系。此时可以证明,存在 $\mathbb{R}^n$ 中唯一的非空有界闭集 K,使得
$$K = f_1(K) \cup f_2(K) \cup \cdots \cup f_m(K)。$$
集合 K 称为迭代函数系 $\{\mathbb{R}^n; f_1, f_2, \cdots, f_m\}$ 的不变集。

例如,令 $f_1(x) = \dfrac{x}{3}$,$f_2(x) = \dfrac{x}{3} + \dfrac{2}{3}$,$x \in \mathbb{R}$,则康托三分集是迭代函数系 $\{\mathbb{R}; f_1, f_2\}$ 的不变集。

令 $p_1 = (0, 0)$,$p_2 = (1, 0)$,$p_3 = \left(\dfrac{1}{2}, \dfrac{\sqrt{3}}{2}\right)$,并且令 $g_i(x) = \dfrac{1}{2}(x + p_i)$,$x \in \mathbb{R}^2$,$i = 1, 2, 3$,则谢尔宾斯基垫片是迭代函数系 $\{\mathbb{R}^2; g_1, g_2, g_3\}$ 的不变集。

我们还可以证明,当 (1) 式中的 b 为正整数的时候,维尔斯特拉斯函数的图像是迭代函数系 $\{\mathbb{R}^2; w_1, w_2, \cdots, w_b\}$ 的不变集,其中
$$w_i(x, y) = \left(\dfrac{x + i - 1}{b}, \lambda y + \cos(2\pi b x)\right), i = 1, 2, \cdots, b。$$

2. 自相似集

如果迭代函数系 $\{\mathbb{R}^n; f_1, f_2, \cdots, f_m\}$ 中的每个映射都是相似映射,即:对于每个 f_i,都存在 $0 < c_i < 1$,使得对于任意的 $x, y \in \mathbb{R}^n$,有

$$|f_i(x)-f_i(y)|=c_i|x-y|,$$

那么,我们称对应的不变集 K 为自相似集。此时必定存在唯一的正实数 s,使得

$$c_1^s+c_2^s+\cdots+c_m^s=1。$$

我们称 s 为 K 的相似维数。显然,康托三分集、谢尔宾斯基垫片、科克曲线等都是自相似集。

自相似集是最经典的分形集,对它们的研究已有丰富的成果。例如,如果迭代函数系 $\{\mathbb{R}^n;f_1,f_2,\cdots,f_m\}$ 满足如下的强分离条件:

对于任意 $i,j\in\{1,2,\cdots,m\}$,只要 $i\neq j$,
就有 $f_i(K)\bigcap f_j(K)=\varnothing$,

那么,K 的盒维数、豪斯道夫维数都等于相似维数。由此可知,康托三分集的盒维数和豪斯道夫维数都等于 $\log 2/\log 3$。对于谢尔宾斯基垫片,虽然对应的迭代函数系 $\{\mathbb{R}^2;g_1,g_2,g_3\}$ 不满足强分离条件,但是,仍然可以证明它的盒维数和豪斯道夫维数等于相似维数 $\log 3/\log 2$。

3. 自仿集

自仿集是比自相似集更广的一类集合。为了定义自仿集,我们首先给出仿射映射的定义。给定从 $\mathbb{R}^n$ 到 $\mathbb{R}^n$ 的映射 f,如果存在 n^2 个实数 a_{ij},$1\leqslant i,j\leqslant n$,以及 $b\in\mathbb{R}^n$,使得对于任意 $x=(x_1,x_2,\cdots,x_n)\in\mathbb{R}^n$,有

$$f(x)=(y_1,y_2,\cdots,y_n)+b,$$

其中

$$y_k=a_{k1}x_1+a_{k2}x_2+\cdots+a_{kn}x_n,k=1,2,\cdots,n,$$

那么,我们称 f 为 $\mathbb{R}^n$ 到 $\mathbb{R}^n$ 的仿射映射。可以证明,每个相似映射都

是仿射映射。

如果迭代函数系 $\{\mathbb{R}^n; f_1, f_2, \cdots, f_m\}$ 中的每个压缩映射都是仿射映射，那么，我们称对应的不变集 K 为自仿集。由于相似映射都是仿射映射，自相似集是一类特殊的自仿集。

对于自仿集，我们也可以由迭代函数系定义出它们的仿射维数，然而要给出豪斯道夫维数等于仿射维数的条件，是一个困难的问题。

图7　蕨类植物的叶子

例 1　图 7 所示的蕨类植物的叶子是如下迭代函数系 $\{\mathbb{R}^2; f_1, f_2, f_3, f_4\}$ 的不变集，其中

$$f_1(x, y) = (0, 0.16y),$$
$$f_2(x, y) = (0.85x + 0.04y, -0.04x + 0.85y + 1.6),$$
$$f_3(x, y) = (0.2x - 0.26y, 0.23x + 0.22y + 1.6),$$
$$f_4(x, y) = (-0.15x + 0.28y, 0.26x + 0.24y + 0.44)。$$

五、一些尚未解决的问题

以下我们将给出几个尚未解决的问题。

1. 维尔斯特拉斯函数图像的豪斯道夫维数

可以证明，对于所有的 $0 < \lambda < 1$ 以及 $b > 1$，只要 $\lambda b \geqslant 1$，由（1）式定义的维尔斯特拉斯函数，其图像的盒维数等于 $2 + \log \lambda / \log b$。对于曼德布洛特猜测，其图像的豪斯道夫维数也等于 $2 + \log \lambda / \log b$。这个猜测还没有完全解决，到 2020 年初为止的最好结果，是由我国数学家沈维孝给出的，他证明了当 b 为（大于等于 2 的）正整数的时候，前面的猜测成立。

2. 自相似集和自仿集的豪斯道夫维数

我们可以给出自相似集的豪斯道夫维数等于相似维数的多个充分条件，如强分离条件。但是，到目前为止，还没有自相似集的豪斯道夫维数等于相似维数的充要条件。

至于自仿集，我们对它们的了解更少，缺乏令人满意的充分条件以确定它们的豪斯道夫维数。在这方面，法尔科内（Falcone）在 20 世纪 80 年代末进行了有开创性的工作，目前有多位国内外数学家在研究这个问题，包括以色列数学家霍克曼（Hochman）和我国数学家丰德军等。

3. 贝希科维奇集（挂谷集）

20 世纪中叶，俄罗斯数学家贝希科维奇（Besicotivch）研究了日本数学家挂谷宗一（Kakeya）提出的如下问题：

给定平面上的一个集合 A，如果它在每个方向都含有一条单位长的线段，请问集合 A 的面积最小是多少？

贝希科维奇给出以下出乎意料的答案：集合 A 的最小面积可以等于 0。因此，我们称 $\mathbb{R}^n$ 中的子集 A 是一个 n 维贝希科维奇集，如果它在 $\mathbb{R}^n$ 中的每个方向都含有一条单位长的线段，并且它的 n 维体积等于 0。

可以证明，对于任意大于等于 2 的正整数，n 维贝希科维奇集都是存在的。一个很自然的猜测是：n 维贝希科维奇集的豪斯道夫维数等于 n。到目前为止，我们仅知道当 $n=2$ 时，以上猜测是对的。当 $n \geq 3$ 时，这仍是尚未解决的问题。以上猜测既是分形几何中的重要问题，也是一些当代顶尖的分析学家（包括华裔数学家陶哲轩在内）关注的问题。

参考文献

[1] M. F. Barnsley. *Fractal Everywhere*, Academic Press, 1988

[2] K. J. Falconer. *Fractal Geometry: Mathematical Foundations and Applications*, New York: Wiley, 1990

[3] P. Mattila. *Fourier Analysis and Hausdorff Dimension*, Cambridge University Press, 2015

［4］沙震,阮火军.分形与拟合.浙江大学出版社,2005
［5］文志英.分形几何的数学基础.上海科技教育出版社,2000
［6］文志英,范爱华,文志雄,苏维宜,杨展如,王炜,王牧,顾其钧.分形几何理论与应用.浙江科学技术出版社,1998

浙江大学数学科学学院　阮火军

什么是计算数学？

20世纪初，英国数学家理查森(Lewis Richardson，1881—1953)写了本《用数值过程预测天气》(*Weather Prediction by Numerical Process*)的书。为了求得准确的数据，理查森还在1916年至1918年期间，组织了大量人力，进行了第一次数值预报尝试。他的这一次预报计算是许多人用手摇计算机进行了12个月才完成的。那时的手摇计算机太慢了，要得到未来24小时的预报，如果一个人日夜不停地进行计算，需要算6万4千天(即175年)。也就是说，要跟上变化多端的天气，要有一个6万4千人一块工作的计算工厂，才能把24小时的天气预报计算出来，实际上就是计算要与天气赛跑。这次实验虽然失败了，但他给了人们有意义的启示，是一个"异想天开"的创新。今天，人们把理查森的工作认为是现代数值预报的开始，也称为数值预报发展的第一个里程碑。

当电子计算机取代理查森的手摇计算机后，数值天气预报的思想才得到真正的实施。1950年，著名动力气象学家查尼(Jule Charney，1917—1981)等人使用世界上第一台电子计算机"伊利亚克"(ENIAC)，首次成功地对北美地区的24小时天气变化进行了预报，这是历史上第一张数值预报天气图。这一结果的公布被认为是数值预报发展的第二个里程碑。而当时所用的计算工具是世界上第一台现代电子计算机"伊利亚克",它于 1946 年 2 月 14 日在美国宾夕法尼亚大学的莫尔电机学院诞生。当时这个庞然大物占地面积达 170 平方米,重达 30 吨,能在 1 秒钟内进行 5 千次加法运算和 5 百次乘法运算,其计算速度是手工计算的 20 万倍。

从那时以后,一些国家相继将先进的数值天气预报引入实际业务中。中国也于 1959 年开展了数值天气预报的研究,1965 年国家气象局首次发布数值计算出来的天气预报,这也是现在每天《新闻联播》后面必不可少的一个节目。

随着计算机硬件的飞速发展,科学计算不仅在天气预测方面取得成功,还在核武器模拟、飞行器设计、油田勘探、汽车设计、金融分析等众多领域取得巨大成功,成为和理论科学、实验科学并驾齐驱的"三驾马车"之一。

"科学计算"是和计算机紧密联系在一起的。没有计算机,也就谈不上"科学计算"。但它又和计算机科学不一样,计算机就是一个可以用来算题的机器。然而,"科学计算"是把一个完全无法计算的东西,如一个无穷维的微分方程,变换和简化成可以在计算机上演算的东西。也就是说,一个复杂而神秘的东西,用一个简单的算法来做它的"替身",放到计算机上去求解。计算数学的任务就是寻找和创造这些"替身"。

计算数学的核心是找到快速、有效的"算法",让计算机的力量最大化地发挥出来。这些算法的目标是计算一大类的问题,而不是某个单一的"项目"。例如,算圆周率是完成一个项目,欧拉(Euler)计算巴塞尔(Basel)级数求和问题,也是一个单一项目。但是,刘徽的线性方程组消去法、高斯的最小二乘法、高斯数值求积分、秦九韶的高阶方程近似求根,都是实实在在的"算法"。用这些算法编出的程序,可以解决成百上千个同类问题。例如,高斯数值求积分,只要输入积分区间和函数,"算法"就可以立刻且高精度地给出积分值,而不需要绞尽脑汁地去找积分的"原函数"。

我们知道，宇宙空间的球体间的引力和它们之间的距离有关。计算每一对星球之间的引力、整个银河系统里的运动规律……模拟这个庞大的系统，计算量是非常可怕的。硬算的话，计算机不知道要算到猴年马月，人们只能望洋兴叹。再看看设计宇宙飞船、飞机导弹，其周围被一层流体气层包围，如何设计流线型的运行物体，那是航天航空、汽车制造业的关键之关键。当然，还有如何设计我们周围的电磁波，那是我们的无线通讯、互联网、隐形飞机的重要基石。这些设计，很多可以通过计算机仿真、数值计算来完成。总之，大到宇宙，小到电子，无处不存在工程师和科学家想克服的"计算"难关。

计算数学，在探索自然界奥秘的过程中，可以扮演什么角色呢？

首先，应用数学家为上面的自然现象写出微分方程，这叫做建立模型。科学家认为，这些微分方程能够准确地描述人们想要知道的物理现象。但是，这些微分方程都是"无穷维"的，非常复杂，基本上是无法找到精确答案的。有了这些微分方程，只能得到心理安慰，实际结果还是看不见、摸不着的。

而当代的计算机，无论有多先进，只能够对付有限多个数的运算，我们想要在计算机上运算无穷维的微分方程、得到它的解，是不可能办到的。也就是说，在计算机上做无穷多个加减乘除的运算，只能是天方夜谭。

既然如此，我们可以退而求其次。工程师说："我们不需要模型的准确解，如果能得到一个相对误差不超过百分之几的'近似解'，画出一个合理的图像来，让我们眼见为实，知道我们的设计结果是否合理就行了。"计算数学要做的事，就是要做到眼见为实，要找到"近似解"。具体地说，就是要找到一个算法，设计一个编程，可以在计算机上运算，以此来代替那个可怕的微分方程。这样还不够，还要在理论上证明，得到的近似解和精确解间的相对误差不超过工程师心中的底线。有了这样的证明，确保了精确度，工程师方才"心服口服"。

我们再看看如何代替可怕的微分方程。不管用什么方法，都是要将方程"离散化",将连续的无穷维的微分方程,变成有限多个线性或非线性方程组。与此同时,还要将求解区域作网格剖分,简单地讲,就是将感兴趣的求解区域划成一个个"格子",形成"网格",然后写出每个格点上微分方程的近似格式。因此,将微分方程在格点上的导数用相应的"差商"来代替,如一阶差商就是两个相邻格点上的函数值之差与相应坐标之差的比值,也就是说,用"割线"代替切线。每个格点有一个差分方程,这就形成一个代数方程组。离散化的工作至此完成,剩下的就是如何求解离散后形成的代数方程组了。

精确解的替身找到了,工程师却又改变了主意。他们说:"现在精确度达到 1%,但我想得到 0.1%,0.01% 的精度,让图像分辨率更高一些,你如何达到?"计算数学家可以用同样一个程序来达到这些要求,只不过要增加计算量,如增加网格点的个数。只要你给出要求、精确度 E,我总能找到网格 $N(E)$ 来满足你的要求,在数学上这叫做收敛性。如果一个算法,可以通过加密网格点数来使精度越来越好,那么,这个算法就是收敛的。

除了收敛性这一核心问题,计算数学还有两个我们关心的核心问题,即稳定性和高效率。

计算机是不能准确表达所有的数的。例如,分数 $1/3$ 如果表示成小数的话,就是无穷循环小数,存在计算机里的是 $0.333\,333\,333\,333\,3\cdots$,到底给出多少个小数点,那就看你的计算机是怎么设计的。现在的计算机不能准确表达无理数,也不能准确表达 $1/3$,$1/7$ 等有理数,一般可以保留十几位有效数字。被截断的部分,就是"截断误差"。当今的计算机截断误差通常可以小到 10 的负 15 次方,似乎微不足道。但是,问题在于很多算法都要在计算机上重复运算成千上万次。假设有一个算法,它在计算机上的每一次运算都把误差放大百分之一,这一看似微不足道的放大,在运算一万次后,误差就被放大了 10 的 43 次方倍,原来微不足道的 10 的负 15 次方的截断误差,现在就被放大成 10 的 28 次方倍,这可是个天文数字啊！这样的误差，把所有真解的影子全都埋没了，那还了得！正所谓差之毫厘，谬以千里。

这就涉及"稳定"，一个好的算法是不允许把误差不断放大的。

效率的问题可以简单地描述如下：如果有两个算法，一个 A，一个 B，都能达到误差不超过 1‰ 的要求，但在同一台机器上，A 要花两天才能算出结果，然而 B 只要 2 小时就能给出同样的结果。我们喜欢谁呢？当然是 B。这就是计算方法中不可忽视的问题，叫做算法的效率。

当今计算数学的一个重点研究方向，就是找到"高效"算法，即算法的效率特别高。

总而言之，科学计算的物质基础是计算机，但关键软实力是"计算方法"。计算方法是计算数学的核心，其三要素是收敛、稳定和高效。

北京师范大学-香港浸会大学联合国际学院　汤　涛

偏微分方程
一门揭示宇宙奥秘、改变世界面貌的科学

偏微分方程这门数学学科，对于广大中学生来说，恐怕是完全陌生的，难免会感到高不可攀。至于说它是一门揭示宇宙奥秘、改变世界面貌的科学，恐怕更显得匪夷所思。尽管如此，这篇短文仍希望能对此做一个简单的说明和介绍。

一、什么是偏微分方程？

中学里的数学，已讲过函数，并涉及一点简单的微积分。说 y 是自变量 x 的一个函数，记为 $y=f(x)$，是指当自变量 x 在一给定的范围中变动时，函数 y 的值也按一定的规则相应地变动。例如，以匀速 v_0 运动的物体，其位移 S 是时间 t 的一次函数：$S=v_0 t$，而自由落体的位移 S 则是时间 t 的二次函数：$S=\frac{1}{2}gt^2$（其中 g 为重力加速度），等等。函数 $y=f(x)$ 的变化率，表示函数值 y 随着自变量 x 变化的速率，可以用其对 x 的**导数** $f'(x)$ 来表示。在匀速运动的情形，位移对时间的导数就是速度 v_0；而在自由落体运动的情形，位移对时间的导数是 gt，它也是一个 t 的函数。上面这些函数都只有一个自变量，统称为**一元函数**，是比较简单的情形。

在众多的实际应用中，一个函数所依赖的自变量往往不止一个。

例如,一个矩形的面积 S 等于其长 x 与宽 y 的乘积,即 $S=xy$。当 x 或 y 变动时,S 的值都要相应地变化,S 就是 x 及 y 的一个二元函数。当自变量的个数更多时,类似地有**多元函数**。对一个多元函数,可以相应地考虑其对某个自变量的变化率,即:当其他自变量暂时固定时,该函数对此自变量的变化率,称为该函数对此自变量的**偏导数**(在经济学中,称之为边际效益!),它一般也是已有一切自变量的函数。例如,矩形的面积 S 对其长 x 的偏导数,记为 $\frac{\partial S}{\partial x}$,其值为 y;而对其宽 y 的偏导数,则记为 $\frac{\partial S}{\partial y}$,其值为 x。对于一个多元函数 $u = u(x, y)$ 而言,不仅可以有一阶的偏导数 $\frac{\partial u}{\partial x}$ 及 $\frac{\partial u}{\partial y}$,而且由于一阶偏导数仍是一个多元函数,还可以继续求偏导数,从而还有二阶的偏导数 $\frac{\partial^2 u}{\partial x^2}$,$\frac{\partial^2 u}{\partial x \partial y}$ 及 $\frac{\partial^2 u}{\partial y^2}$,等等。由于多元函数在应用中的重要性,对其研究必然会引起极大的重视。这比研究一元函数要困难得多,对数学也提出了新的发展机遇与挑战。

在一元函数的情形,如果在决定未知函数的方程中包括其某些导数,则称其为**常微分方程**。求解相应的常微分方程得到其解,即得到所求的未知函数,已经对解决很多应用问题带来了极大的推动与帮助。在多元函数的情形,如果在决定未知函数的方程中包含其某些偏导数,则称其为**偏微分方程**。例如,

$$\frac{\partial^2 u}{\partial x^2} + \frac{\partial^2 u}{\partial y^2} = 0$$

就是一个偏微分方程,其中 $u=u(x, y)$ 为未知函数,而 $\frac{\partial^2 u}{\partial x^2}$ 及 $\frac{\partial^2 u}{\partial y^2}$ 则分别为其对 x 及 y 的二阶偏导数。这是一个非常有名的偏微分方程,称为**拉普拉斯方程**。一个函数 $u=u(x, y)$ 如果满足这个方程,

即：将这个函数代入方程两端，能使其化为恒等式，就称为该方程的**解**。通过求解相应的偏微分方程，得到所要求的未知多元函数解，是很多应用领域中的迫切需要，具有重要的意义。

二、对偏微分方程的研究要重视其个性

如前所述，包括多元未知函数的某些偏导数的方程，统称为偏微分方程。它有两个特点：一是未知函数为一个多元函数（否则，若未知函数只是一个一元函数，就是一个常微分方程！），二是方程中要包含未知函数的某些偏导数（否则，就是一个函数方程！）。这样来界定偏微分方程，其研究的目标和对象就太宽泛了，很难得到深入的结果。其实，偏微分方程这门数学学科的出现和兴起，并不是从偏微分方程的上述广泛的定义出发的，恰恰相反，是源于实践及应用需要的驱动，才使少数一些具特殊类型的偏微分方程引起人们普遍的关注，成为反复深入研究的对象，从而逐渐形成了气候，而对其他种种"可能"出现的偏微分方程却根本置之不顾。

自 18 世纪中叶开始对偏微分方程开展研究以来，人们的兴趣长期集中在下面几种典型的偏微分方程上。

1. 双曲型方程

其代表是**波动方程**

$$\frac{\partial^2 u}{\partial t^2} = a^2 \Delta u,$$

其中 $u=u(t,x,y,z)$ 为以时间 t 及空间位置坐标 (x,y,z) 为自变量的未知函数，方程左端为 u 对 t 的二阶偏导数，右端的 $\Delta = \frac{\partial^2}{\partial x^2} + \frac{\partial^2}{\partial y^2} + \frac{\partial^2}{\partial z^2}$ 通称拉普拉斯算子，而 $a(>0)$ 是一个表示波速的常数系数。这个方程可用来描述空间中波（如声波）的传播过程。在一个空间变量的情况，相应的方程

$$\frac{\partial^2 u}{\partial t^2} = a^2 \frac{\partial^2 u}{\partial x^2}$$

称为**弦振动方程**。它描述一个弹性弦的横向振动过程,可以成功地刻画弦乐器发生的机理,也正是由于这一需要的推动,才引起当时一批数学家的广泛重视。这应该是最早得到研究的一个偏微分方程,它的求解公式通称达朗贝尔(D'Alembert)公式,以纪念达朗贝尔开创性的研究工作。其实,在达朗贝尔于 1746 年发表了有关的论文后不久,欧拉、丹尼尔·贝努里(Daniel Bernoulli)以及拉格朗日均展开了相应的研究,他们相互间对如何理解这个方程的解,曾进行了长期激烈的争论,推动了对相关问题的深入认识。

2. 抛物型方程

其代表是**热传导方程**

$$\frac{\partial u}{\partial t} = a^2 \Delta u \, 。$$

与波动方程不同,这个方程的左端是未知函数 u 对 t 的一阶偏导数。这个方程描述了由傅立叶(Fourier)在其 1822 年出版的名著《热的解析理论》(*Analytical Theory of Heat*)中深入阐述的热的传导现象,揭示了一系列有关热传导的规律。在这一研究中,傅立叶提出了现今以其命名的傅立叶级数及傅立叶积分,为偏微分方程的研究开创性地建立了傅立叶分析这一重要的方法和工具。

3. 椭圆型方程

其代表是**拉普拉斯方程**

$$\Delta u = 0,$$

其中 $u = u(x, y, z)$ 是一个与时间 t 无关的未知函数。这个方程可用来描述具有稳定状态的波动过程或热传导现象,其解通称为**调和函数**,在数学内部及其他科学中都有广泛的应用。

在众多可能的偏微分方程中,只关注这几类特殊的方程,其原因除了对偏分方程极少有非常一般性的结论外,根本在于:不同的物理来源与背景,会归结出不同类型的偏微分方程,其解有不同的特性,其问题的提法和求解的方法因而也各不相同,换言之,偏微分方程的研究充分显示了其个性。只有根据实践中的迫切需要,分门别类地进行研究,才能充分展现有关偏微分方程的丰富内涵,深入揭示问题的本质,取得深刻的成果。正因为如此,在大学里开设的偏微分方程课程,往往称之为**数学物理方程**,重点强调那些与物理世界密切联系、有鲜明个性的特殊类型的偏微分方程。这样做才真正反映了这门课程的本质特点,充分显示了其作用与优势。

当然,随着科技的不断进步与发展,经典的数学物理方程,除了上面列举的最典型的 3 类方程外,其范围也在不断扩大。现在,描述电磁理论的**麦克斯韦**(Maxwell)**方程组**,描述流体运动的**欧拉方程组**和**纳维-斯托克斯**(Navier-Stokes)**方程组**,描述弹性体运动的**弹性力学方程组**,描述量子力学基本规律的**薛定锷**(Schrödinger)**方程**,描述孤立波的 **KdV 方程**,描述广义相对论的**爱因斯坦**(Einstein)**方程**,等等,都已成为引起广泛重视和深入研究的重要的数学物理方程。可以预见,随着人类对世界的认识越来越深入,还将会有一些新的重要的数学物理方程进入人们的视野,促使人们对其进行深入的研究,充分显示数学物理偏微分方程这一学科蓬勃发展、与时俱进的特征和面貌。但不管怎样,结合一些重要的物理模型,对偏微分方程的某些特殊类型开展深入的研究,将是很长一段时期中偏微分方程发展的特点和主流;呈现出强烈的个性,将会一直是偏微分方程研究的一个重要的特征。

对偏微分方程的这种显示出强烈个性的研究方式,不仅体现了偏微分方程的特点,而且充分显示了它的优越性。以波动方程为例,它虽然只是众多偏微分方程中一个特殊的类型,具有明显的个性,但正因为此,才可以深入反映种种波动现象(如声波、电磁波、弹性波……)的共性,从而在信息通讯、石油勘探、半导体器件、电子显微镜、激光制导等领域有着广泛的应用,真正改变了人们的生活。

不仅如此,以拉普拉斯方程为例,它不仅可以用来表示稳定的温度场,也可以用来表示静电场、静磁场、定常扩散现象、柱形杆的扭转、流体力学及势论,还可以用来刻画复变解析函数的实部与虚部。从各种现象领域的微分方程"惊人的类似"中,可以清楚地显示出自然界的统一性,也使某一偏微分方程的研究成果可以在很多看似截然不同的领域中发挥重要的作用。正因为如此,偏微分方程的基础理论成果一旦有所突破,其在应用方面的巨大推动作用可以是无穷无尽的。

三、偏微分方程是打开世界大门的金钥匙

前面所列举的一些数学物理方程,都是一些重要物理、力学学科的基本方程。例如,麦克斯韦方程组是描述电磁场规律的电动力学的基本方程,欧拉方程组及纳维-斯托克斯方程组是流体力学的基本方程,弹性力学方程组是描述弹性体运动规律的弹性力学的基本方程,薛定谔方程是量子力学的基本方程,爱因斯坦方程是广义相对论的基本方程,等等。这些基本方程的形式不同,难易程度各异,但都是在很多物理、力学观察、实验及思考的基础上建立起来的并抓住相应学科本质的数学模型,是物理世界的基本方程,是有关学科的基本理论框架,由此可以演绎出该学科的核心内容和基本事实。

这样,用于揭示宇宙奥秘、改变世界面貌的这些重要物理、力学学科,它们的基本方程就是偏微分方程。抓住了这些基本方程,就抓住了这些物理、力学学科的本质;根据需要,在各种情况下求解这些方程并阐明其解的物理、力学本质与内涵,不仅可以透彻地掌握这些物理、力学学科,更可以打开世界的大门,逐步认识宇宙的奥秘。偏微分方程在人类认识世界和改变世界中的独特而关键性的作用由此可见一斑。

在克里斯(R. P. Crease)所著《历史上最伟大的 10 个方程》(*The Great Equtions*: *Breakthroughs in Science from Pythagoras to Heisenberg*)这本书中,就至少直接列出了 3 个重要的偏微分方程,相应章节的小标题分别是"19 世纪最重要的事件——麦克斯韦方程组","金蛋:爱因斯坦的广义相对论方程"及"量子论的基本方程薛定锷方程"。

下面对偏微分方程的作用再举几个例子加以具体说明。

1. 电磁波的发现

麦克斯韦方程组描述了电磁场运动的一般规律。它是以电场强度 $E=(E_x, E_y, E_z)$ 及磁场强度 $H=(H_x, H_y, H_z)$ 为未知函数的一个偏微分方程组。麦克斯韦据此预言了电磁波的存在,并断言其在真空中的传播速度为光速,从而光也是一种电磁波。20 年后,赫兹(Hertz)用实验证明了电磁波的存在,使麦克斯韦的预言变成了现实,从而在人类的历史上先后出现了电话、无线电通讯、电视、手机……迎来了现今丰富多彩的信息时代。

2. 地震中心的确定

地震是人类面临的一个重大的自然灾害。一旦发生地震,需要在第一时间确定震心的位置,以便及时掌握情况、组织救援。弹性力学的基本方程——弹性动力学方程组在这方面发挥了重要的作用。它是以弹性体在 (x, y, z) 3 个方向上的位移 (u, v, w) 为未知函数的偏微分方程组,将它应用于地球这个弹性体,可以发现在其震动时要形成两个波:一个是**膨胀波**,其波速为

$$C_1 = \sqrt{\frac{\lambda + 2G}{\rho}};$$

另一个是**畸变波**,其波速为

$$C_2 = \sqrt{\frac{G}{\rho}},$$

其中 ρ 为弹性体的密度,而 λ 和 G 为两个弹性常数。显然,膨胀波的速度 C_1 恒大于畸变波的速度 C_2,

$$C_1 > C_2。$$

如果一个地方发生了地震,从震中传出的膨胀波会首先到达观测站,过一些时候,才会收到震中传来的畸变波。由这个时间差,就可以计算出震中到观测站的距离。这样,利用好几个观测站的测量结果,就可以确定地震中心的位置,从而给出及时而准确的预报。

利用弹性波的理论,还可以用人工造成的地震所接受的信息来确定地下矿藏的位置及储量,这就是**地震勘探**。

3. 薛定谔方程成为量子力学的基本数学模型

薛定谔方程

$$\mathrm{i}h\frac{\partial \Psi}{\partial t} = -\frac{h^2}{2m}\Delta\Psi$$

是量子力学中描述单个微观粒子运动规律的基本方程,其中 h 为一个物理常数,M 为微观粒子的质量,$i=\sqrt{-1}$ 为虚数单位,而 Ψ(称为**波函数**)是一个复值的未知函数。这个偏微分方程的推导并没有已有物理规律的支撑,其中还意外地出现了虚数单位 i,它究竟是不是描述微观世界粒子运动规律的一个正确的数学模型呢?!

把这个方程用于一个很简单的微观粒子——氢原子,用求解偏微分方程的方法算出氢原子的光谱线,发现和实测的结果完全一致,使这个方程成功地经受了实践的检验,从而牢固地确立了其为量子力学基本方程的地位。

从薛定谔方程可以看出,量子力学的基本方程中本质地出现了虚数单位 i,这深刻地意味着"虚数不虚",自然界实际上是用复数而不是用实数来运作的!

4. 为高速飞行器的设计及运行提供依据

"飞天"曾是人类的一个美丽的梦想,为了征服蓝天、走向太空,要成功地设计超音速飞机、人造地球卫星及宇宙飞船这些航空、航天的利器,必须精确地了解飞行器周围的流场,包括气体的流速及压强等有关情况,这就要求解理想(无黏性)或黏性流体力学方程组。这涉及对这些基本方程组的深入了解,以及相应的数值求解方案的深入开发与研究。

5. 黑洞的预见

爱因斯坦方程是广义相对论的基本方程,它具有深刻的物理与几何背景,是一个很复杂的非线性偏微分方程组,对宇宙的形成与演化有重要的启示作用。由于其结构复杂,对爱因斯坦方程的具体求解是很困难的,1915 年史瓦西(Schwarzschild)给出了它的一个球对称的特解,现称为史瓦西解。这个解看上去虽比较简单,但当半径 r 等于某个值(称为史瓦西半径)时,其值趋于无穷,解出现了奇性;而在半径 r 小于该值时,人们由此猜测天体将发生坍塌,解将是一个黑洞。

这在当时只是从爱因斯坦方程的一个特解所提出的一个猜测,而现在宇宙空间中黑洞的存在,已经是物理学家、天文学家的一个共识。

四、小结与展望

最后,对偏微分方程这一学科做一个简短的补充和小结。

偏微分方程,根据它的特点和任务,除了本身是一门博大精深的数学学科外,还应有左、右两翼和它比翼齐飞、展翅翱翔。这里所说的左右两翼,一是物理模型,它是提供有意义的偏微分课题的不竭源泉;一是科学计算,它不仅可以对偏微分方程提供足够精确的近似解,而且可以对偏微分方程的理论研究提供新的思路和方法。

从偏微分方程出发,还可以进一步衍生出一些重要的数学学科和方向,如分布参数系统的控制理论、偏微分方程的数值解、数学物理反问题、无穷维动力系统、几何分析、随机偏微分方程等。

从研究偏微分方程的角度，由于它是一门分析性的学科，很多分析工具，如微积分、常微分方程、复变函数、实变函数、泛函分析、调和分析、广义函数论及微局部分析等，固然会经常用到；就是分析外的学科，如几何、代数、拓扑、数论等，也会不时起到重要的作用。另一方面，偏微分方程的研究也有力地促进了这些学科的进一步发展。

总而言之，偏微分方程不仅意义重大，且是一门兼收并蓄、极度开放包容的学科，为一切有志于研究偏微分方程的学人提供了极大丰富自己的学养，同时又充分展示自己才华的无限可能性。前景灿烂辉煌，让我们共同努力。

复旦大学数学科学学院　李大潜

自然界中的生物节律与建模调控

一、什么是生物节律？

日出而作、日落而息是人类自古以来所遵循的作息规律。我们每天周而复始的活动大约每 24 小时重复一遍，和地球自转所引起的昼夜更替相对应。春生夏长、秋收冬藏又和地球公转所引起的四季变换所呼应。长久以来，人们一直认为这种带有周期节奏的行为是直接由外部环境因素所导致的。而近大半个世纪以来，科学家通过研究发现，生物体内部本身便存在着控制日常行为、作息甚至情感节奏的"节拍器"。这些与生俱来的"节拍器"调节着我们体内各类化学物质的消耗、分泌和合成，影响着细胞与组织的新陈代谢，并且大都遵循着大约 24 小时的周期。例如，影响睡眠的褪黑素会在夜晚大量分泌而白天则比较少，控制血糖的胰岛素则是在凌晨及下午两个时间段分泌较多，心脏的跳动遵循着昼快夜慢的规律。这些内蕴的、不同形式的振荡过程被科学家统称为生物节律，而生物钟是它另一个被我们所熟知并广泛使用的称谓（见图 1）。正是因为存在这样一个"隐形"的时钟，我们才会有一日三餐、夜间睡眠、白天工作等这些基本的行为。这些看似普通的日常举止都是生物节律的外在表现。除了我们人类之外，生物节律同样存在于成千上万的生命体中，并且有着各自不同的周期规律。例如,植物的光合作用、动物的冬眠和出眠、鸟类的迁徙、海洋动物的潮汐性捕食规律等。与一般人们的想象和理解有所不同,生物体周期活动的根本原因是内在的生物节律,而不一定是外界环境所导致的直接结果。生物节律自主存在于生命体内,并且不会因为环境的变化而消失,它们会通过自我调节来适应外部条件的改变。例如,洲际旅行会带来不同城市之间日照时间的巨大差异,但是,我们的睡眠作息并不会因为这个差异而立刻改变,而是需要一段时间的适应过程;从低海拔地区到高海拔地区生活,我们也需要适应空气中氧气含量以及气温的大幅变化。这些过程就是生物节律在进行自我调节,从而使我们的身体可以应对不同的环境。而我们所处的环境主要由地球的自转、月球的公转以及地球围绕太阳的公转所形成。这些客观存在且无法改变的行星周期运动,将生物节律大致分为 3 种类型:昼夜节律、潮汐节律和近年节律。

图 1　人体生物钟

二、为什么要研究生物节律？

正常运作的生物节律会给我们带来巨大的好处，它会使我们的身体和外界的环境变化保持同步，并且将体内各种激素、酶、蛋白质等维持在一个稳定的水平，使得众多的器官有组织、有纪律地工作。拥有一个健康的生物节律系统，意味着拥有健康的身体和心理条件。然而，如同普通的钟表一样，我们体内的"时钟"也可能出现"故障"。如果我们将节律所形成的振荡看作一种波，那么，有"故障"的节律会导致波的相位偏移、频率改变，亦或是振荡幅度的显著变化。这些非正常的节律通常被称为节律紊乱，研究表明它们或多或少都会对我们的身体造成影响。例如，相位的偏移可能导致作息时间的变化，不同的频率会引起进食习惯的改变，而幅度的变化会造成激素分泌的增加或减少。这些异常的节律会直接导致生物个体的代谢紊乱、内分泌失调，轻则造成疲劳、头痛、情绪波动，严重的会诱发抑郁症、各类慢性疾病甚至癌症。例如，节律紊乱造成某类蛋白质浓度增加，会刺激细胞分裂，引起细胞增生，进而增加体内组织癌变的几率。我们身边常见的糖尿病（Ⅱ型）也和昼夜节律的失调息息相关，并且与其治疗相关的用药时间选择也和生物节律有着紧密的联系。正是因为生物节律对于人体的健康有着如此重要的关系，对其开展合理且有效的研究、阐释内在作用机制，成为众多科学家追逐的重大科学问题。2017 年的诺贝尔生理学或医学奖被授予杰弗里·霍尔（Jeffrey C. Hall）、迈克尔·罗斯巴什（Michael Rosbash）和迈克尔·杨（Michael W. Young）3 位美国科学家（见图 2 至图 4），以表彰他们在 20 世纪 80 年代、90 年代对于控制生物节律的一种基因（per）的发现及研究。这一奖项的授予进一步推动了学界对生物节律的研究，使得其成为近些年来的科研焦点，吸引了众多不同领域学者的共同目光。

图 2　杰弗里·霍尔　　图 3　迈克尔·罗斯巴什　　图 4　迈克尔·杨

三、从哪些方面进行研究？

对于人类来说，调节生物节律的"时钟"并不是单一的，我们体内可能存在着数十甚至是上百种不同的节律系统。各类组织的周期活动往往也是由多个类型的分子、细胞甚至组织互相作用而形成，并且受到各种因素的影响，如基因的调控、各类化学物质的浓度、体内环境的温度等。甚至不同的节律系统之间也会互相影响，它们的表现形式也会影响各自内部的运作。因此，虽然近些年在全世界范围内对生物节律的研究做了大量的工作，我们对它的了解仍可谓冰山一角。

对于生物节律的研究往往需要不同生物学学科的知识，如分子生物学、神经科学、细胞生物学、生理学等，并且可以从微观、介观及宏观 3 个方面来展开。在微观层面，科学家聚焦于细胞内的基因转录、蛋白质合成等行为。通过研究细胞内信使核糖核酸（mRNA）和蛋白质在不同时间的浓度来了解转录因子和调节蛋白质之间的相互作用关系，并以此来解释生物钟基因对于生物节律的影响。除了和 2017 年诺贝尔奖有关的 per 基因外，到目前为止，已经发现十几种不同的对于生物节律起到调控作用的生物钟基因。

在介观层面，科学家更多地关注脑内神经系统对于生物节律的影响和控制。研究发现，人类脑中的视交叉上核是控制昼夜节律的中枢地带，它可以利用视觉神经感知光照来调整节律，并通过神经元控制体内其他细胞的周期运动。另外，来自美国密歇根大学的斯瓦提·加布耶娃（Swathi Yadlapalli）等学者在 2018 年发表于《自然》（*Nature*）期刊的工作也揭示了神经元如何与节律产生联系。通过对果蝇的研究，他们揭示了生物钟神经元如何通过神经网络监视周围环境并做出反应来调整睡眠时间。在文章的末尾，他们也指出，这项研究所发现的机制或许也和人类的睡眠有关。

除了在微观与介观层面探究基因和神经元如何驱动及控制生物节律，在宏观层面，科学家还会研究它和各类疾病之间的相互关联。生物节律的紊乱会导致疾病的发生，而疾病的进一步发展也会破坏正常的节律。其中被研究较多的是免疫系统及胃肠道系统疾病，特别是近期极为热门的肠道菌群的研究也和人体的节律息息相关。近年来，《科学》（*Science*）及《细胞》（*Cell*）期刊上的文章均提到肠道微生物组存在节律性的变化，并且展示了它们在空间及时间上的变化规律。这些变化会反过来影响宿主，也就是人类自身的节律系统。而这种互相影响的机制结合现代饮食结构的变化，可以被用于解释肥胖人群的迅速增长。

除了上述所举的例子，还有许许多多未知的和生物节律有关的基因、神经元、菌群与宿主的互相影响机制等待着我们去发现和研究。从以上 3 个方面，研究者希望通过科学的方法，去了解各种生物节律形成的原因以及内部的驱动机制。在此基础上，科学家还希望可以在未来找到调控生物节律的方法来修正有"故障"的节律。或许，未来某一天，人们可以通过改变饮食结构、卫生条件来精确调控肠道菌群的节律变化。甚至随着科学技术的发展，通过分子影像和神经影像的分析，人们能更清楚地认识基因分子和神经元对生物节律的作用,并且实现对生物钟基因、生物钟神经元或是脑神经网络的调控。通过这些控制来"修复"我们的生物节律系统,从而避免一些疾病的发生或是帮助某些疾病的治疗。

四、为什么要用数学建模?

生物学实验是生物学家最常采用的研究生物节律的手段。通过实验可以获得大量的数据,再利用数理统计的方法去研究各个实验对象以及环境因素之间的相互关系。虽然通过此种方法可以有效地发现生物钟基因和生物钟神经元对于节律的作用及影响,但这类实验统计的方法仍然有其局限性。一方面,实验需要消耗大量的人力、时间及资源。由于生物系统本身及其所在环境的复杂性,实验通常无法做到面面俱到。换言之,没有足够多的时间与资源去对各种不同情况下的节律系统做相应的实验,而科学家又往往想要对节律系统有一个全面的认识与了解。另一方面,通过实验统计的方法只能看到某些现象及规律,不一定能够看到节律产生的本质原因,也未必能够很好地解释节律运作的机制并在此基础上进行预测和调控。

此时,就必须运用数学建模的方法、用数学语言去定量地刻画所要研究的节律系统。对于生物节律的研究通常聚焦于研究对象之间的相互作用以及它们如何随着时间而演化,这恰恰与数学领域中的动力系统相吻合。这也是探究某一给定系统随着时间如何改变的学科,并且已经有了一套完善的研究方法与理论。

一个合适的数学模型可以很好地拟合实验数据并刻画出实验观察到的现象。而利用数学理论对模型的进一步研究可以解释现象产生的根本原因,甚至可以预测某些先前实验中未被发现的现象,对之后的实验起到一定的指导作用。一个经典的范例就是对生物系统中双稳态的研究。在研究青蛙卵裂的过程中,科学家注意到,随着信号强度的慢慢增加,细胞对信号的反应会在某个临界点从状态 A 突然跳跃至状态 B。通过数学建模的方法人们发现,这一现象背后的原理是动力系统中一个简单的分岔理论,其描述了随着环境量的改变而诱发的研究对象质的变化。科学家随后又通过这个模型,预言随着信号的衰减,细胞反应会在另一个临界点从状态 B 跳跃至状态 A。这个预言最后也被生物学家用实验所验证。

可以看到,一个有效的数学模型不仅可以用来描述所观察到的现象,更重要的意义在于,我们可以通过数学的方法做出对未来的预测或是发现不同环境对研究对象造成的影响。通过定性分析,科学家可以回答:"为什么会有这个现象?生物节律从何而来?有何特征?"也可以判断在不同环境影响下,是否会有新的现象产生。通过定量分析,能够探究出生物节律的相位、频率以及振幅是如何随着环境的改变而发生变化的,并可以进一步做出有利于健康的调节和控制。利用数学模型,一方面可以大大节省实验所需的人力、物力和时间,另一方面也能够对于生物节律系统有一个全方位的认知。

五、和生物节律相关的模型

从微观、介观及宏观 3 个方面,理论学家和生物学家已经建立了相当多的数学模型。在微观层面,考虑分子相互之间的生物化学反应,不同物质之间会有互相转化、促进合成或是抑制合成的效果。而利用有限或者无限维微分方程,可以描述这些随时间连续变化的效果,如之前提到的细胞内基因的转录和蛋白质的合成。信使核糖核酸的生成可以促进蛋白质的合成,而合成后的蛋白质又会和转录因子相结合,从而抑制信使核糖核酸的生成。这样一个简单的促进-抑制循环过程在生物学上被称为负反馈循环,它可以被两个简单的"化学反应"微分方程所刻画。早在 20 世纪 60 年代、70 年代就已经有科学家利用数学模型从分子层面研究了酶系统中的糖分解反应。在 2012 年由 Jae Kyoung Kim 和 Daniel B. Forger 所提出的 Kim-Forger 模型则是一个经典的研究生物节律的数学模型,它刻画了 BMAL1 生物钟基因如何调控生物节律。

对于神经元的数学建模可以追溯到 1952 年。来自英国的霍奇金(Alan L. Hodgkin)和安德鲁·赫胥黎(Andrew Huxley)通过对神经细胞离子通道的实验以及对离子浓度和电势的研究,提出了几乎可以完美地刻画神经元细胞放电过程的微分方程组,也就是著名的 Hodgkin-Huxley 模型。他们也因此建模,并基于此模型阐释各类神经节律生成的生理学机制,从而被授予 1963 年的诺贝尔生理学或医学奖。此后,科学家对于神经元放电节律的研究几乎都建立在此基础上,提出了各种便于理论研究的简化模型,如 Morris-Lecar 模型、FitzHugh-Nagumo 模型和 Izhikevich 模型等。众所周知,人类大脑中存在数以亿计、通过神经纤维连接的神经元,因此,对于单个神经元模型的研究一定无法有效运用于实际应用中。为了更真实地用模型模拟神经元之间的放电节律,科学家往往采用复杂网络的方法去刻画丰富的神经网络。这类模型包含数十甚至成百上千个节点,每个节点都对应所要研究的神经元。通过关联节点与节点之间的数学方程,可以在一定程度上反应出真实的神经元之间的相互作用关系(见图 5)。

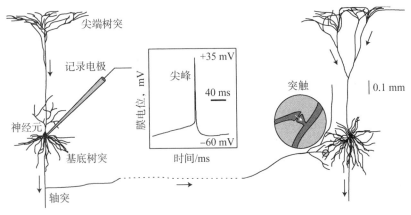

图 5　神经元之间相互作用

利用数学建模的方法研究肠道菌群的动态演化是在近 10 年慢慢发展起来的。科学家尝试运用群落生态学的一些方法去研究微生物组的动态发展。相关模型的构建基础是在 20 世纪 40 年代所提出的描述物种竞争的经典 Lotka-Volterra 模型。来自美国的科学团队于 2012 年和 2020 年在《数学与计算生物学》(*PLoS Computational Biology*)期刊分别发表论文,说明用于研究微生物动态的 gLV(generalized Lotka-Volterra)和 cLV(compositional Lotka-Volterra)模型。他们将离散的实验数据转化成连续动力系统,并以此来研究不同微生物之间的互相影响及如何随时间演化。

六、未来的研究趋势(实验-建模-调控)

经过实验,我们可以获得特定条件下的真实数据。通过这些数据可以建立合理的模型。之后,可以运用数学理论与方法对各类生物节律系统进行定性或定量分析。通过定性分析可以尝试找出和节律发生有关的基因、神经元及各种环境因素。通过定量分析,可以判断各类因素如何改变节律的相位、频率和振幅。之后,通过控制环境或是加入一些人为干预,可以使不同节律之间或是节律和环境之间保持一致。类似地,也可以通过调控生物钟基因或生物钟神经元等方法来修正一些异常的节律频率和振幅,或者进行一些较大幅度的调节,以获得我们想要的节律而使得身体能够适应某些特殊的环境。在模型的基础上,通过具体的数学计算可以设计出合理可靠的修正方法来实现对生物节律的调控。随着科学技术的发展,这些调控方法或许可以被应用于改善我们的身心健康、帮助各类疾病的治疗以及使人类更好地适应环境的变化。

可以见到数学建模在对生物节律的研究中占据重要的位置。将生物实验与数学建模相结合,才能使我们更清晰地认识、理解节律背后的机制。只有通过数学模型,才能对各种不同的情况做出合理的预测和调控。随着大数据时代的到来,如何从复杂的生物系统和海量的实验数据中构建出合理可靠并且易于计算的数学模型会是之后数十年的研究重点。随着机器学习方法的发展与普及,我们可以更加有效地分析实验数据,并且从中发现之前不易察觉的趋势和现象。这些新的发现,又可以更好地为我们优化现有的数学模型。正如《自然综述:微生物学》最新的文章中所提到的,生物实验、数学建模和机器学习三者的结合是未来研究发展的趋势,也会带来各种各样新的挑战与机遇。

复旦大学数学科学学院　秦伯铧　林　伟

第一个数学模型

首先我们应该对数学模型给出定义。我的理解是——数学模型是世界（或事件）的数学抽象描述及推演。

本文是对数学模型的概述或者科普，所以更想在大框架上聊聊这样的问题：

为什么要做数学模型？

怎么做数学模型？有什么样的途径来构造数学模型？

数学模型的结果应该是什么样的？

……

要问为什么要做数学模型？回答当然是为了认识世界、改造世界。这是我们的初心。在做数学模型时我们也要不忘初心，坚持本心。目标是解决原始的问题。

那么，怎么来构造一个数学模型呢？或者说我们怎么来认识世界呢？《般若波罗密多心经》里说——受想行识，亦复如是。我曾经写过一篇文章，题目是"大数据——受想形识，亦复如是"，有时我会稍微改一个字，把"践行"的"行"改成"塑形"的"形"。其中，"受"就是感受，就是数据采集；"想"就是分析，就是数据整理；"行"就是践行；"形"就是重构，就是在心中重构这个世界（事件），形成世界（事件）的模型，或者具体地说就是构建数学模型；"识"就是认识，就是我们对世界的认识，进而可以用来改造世界。

构造数学模型也是要经过这么几个阶段——数据采集，分析整理，模型重构，推演验证。一般地，在实际生活中或在任何其他科学领域，我们在做的、在研究的，都是在认识世界、描述世界、抽象重构、推演验证。当然更多的时候，是把"世界"用具体的"事件"代替而已，莫不如是。

前一段时间有个网络笑话：说这几天进小区，门卫都成了哲学家。他会问：

你是谁？你从哪里来？要到哪里去？

然后对着你的脑袋"开一枪"，看看你的脑袋是不是发热。

构造、研究数学模型也是如此！要问：

我们生活的世界是怎样的？

是从哪里来的？会到哪里去？

这个事件是什么？

是从哪里来的？会发展成什么样？

一般地，构造数学模型就是解决这样的问题：

这个事件是什么？

何时、何地发生的？

是怎样发展、演化的？

模型做完以后，也要对自己"开一枪"，问问自己是否头脑发热，有没有夹杂不合理的逻辑推理，也就是要对模型进行验证。

我们每个人，每时每刻都在对我们碰到的事情在做模型，想象这个事情究竟是什么？现状如何？怎么会发生的？会演变成什么样？而采用的方法莫不是用我们的感觉器官（心经："眼耳鼻舌身意"）去获得数据（心经："声色香味触法"）。现在科技高速发展，电子眼、电子耳、电子鼻等拓展了我们的感觉器官，并且可以把采集的数据电子记录下来。网络统计数据，更是利用大量专业人员的感官以及他们的数据整理结果。

"眼耳鼻舌身意、声色香味触法"中的前5项比较好理解。眼睛看到的颜色,可以用手机视频记录下来,耳朵听到的声音,可以用手机音频记录下来。意,称为第六感,或者说意会的感觉。法,就是按照经验,就是按照我们长期积累的经验,通过埋藏在心底预先计算好的数学模型,计算得到的结果。

要介绍数学模型,一个非常有意义且有趣的问题是:什么是第一个数学模型?我们就从第一个数学模型讲起。

我认为,第一个数学模型应该是欧几里得空间。这是对我们的生活空间建立的一个模型,回答了我们生活的空间是什么样的问题。欧几里得空间开始是一个点模型,它告诉我们,如何找到空间上任何一个点的位置,也就是点、位置与数、三元数组建立了对应。这是一个划时代的伟大模型,首次建立了空间位置(事件)与数、数学的联系,是数学发展的基石。向量模型是基于点模型发展的。虽然点与向量我们都用三元数组表示,向量空间有加减、数乘、内积、外积等,描述了空间里各元素的关系。但是,我们应该注意到:在点空间里,点加点是没有意义的,而点减点不等于点,而是等于向量,点加向量等于点。很奇怪,对吧!? 一个系统里的元素,经过运算,会跑进另一个系统。一样的三元数组,点与向量是有本质的区别的,是在两个不同的系统里。有了欧几里得空间,许多几何问题,进一步地,许多物理问题就可以科学地研究了。

当时欧几里得研究的主要是平面几何,欧几里得空间的来源与毕达哥拉斯一样,都是为了丈量土地,简单地说,就是用平面模拟地面(球面)。更加细致地说,欧几里得空间是基于毕达哥拉斯定理的,即:先要在一个点(任意点)找两个互相垂直的方向,并延伸直线。

一直要等到笛卡尔,他更加关注点与点之间的关系,或者说点与点之间的数学模型。这样,曲线、曲面就可以用函数表示,解析几何产生了,从而为牛顿(Newton,1643—1727)的模型出现提供了环境。

知道欧几里得、笛卡尔很久了。以前一直有个概念,即欧几里得空间就是笛卡尔坐标系,都是三元数组表示,没有认识到笛卡尔的发展,更没有认识到这个发展的重要性。

欧几里得空间是第一个空间描述的数学模型,是点的位置模型。而笛卡尔坐标系是欧几里得空间中点之间的函数关系,笛卡尔是在点的模型基础上,针对点与点关系的数学模型。这样,我们就有了曲线、曲面的函数关系,可以进行推演。

我记忆中对我影响最大的著名数学模型、内容、发现过程有下面这些:

阿基米德(Archimedes,公元前 287—公元前 212),浮力模型。物体在液体中所受的浮力等于排出液体的质量。这是阿基米德在浴缸中洗澡时发现的,并且当时就被用在判别掺假的黄金皇冠中。

伽利略(Galilei,1564—1642),重力模型。物体的重力加速度等于常数,与物体的大小无关。这是伽利略在比萨斜塔上扔下两个不同大小的铁球验证的。

牛顿,万有引力模型。据说是苹果掉下来砸到牛顿脑袋,使得牛顿产生灵感。

还有钟摆的周期性谐振模型。挂在教堂里的油灯,被风吹动后,会有周期性的摆动,摆动的周期与油灯挂的高低有关。钟摆的谐振周期与摆长相关。搅动咖啡形成的表面是旋转抛物面,等等。

这些都是利用物理、力学原理解释的或者说是经典的数学模型,用势能、动能的转化规律来建立构造的。

模型是规律的描述。模型建立了,世界就按照这个规律运行了吗?有些著名的数学模型在物理中都被称为定律、原理。牛顿正是看到了这些定律、原理的普适性(或者叫普世性),从而更加坚定了他对上帝的信仰。他认为:"定律、原理是发现而不是发明。"所以,有了所谓的"第一次推动",即:这些定律、原理是造物主在创造世界时就已经赋予这个世界了,然后需要的只是一个原始推动,世界就这么永远地运行下去了。

数据科学家也想提高数学模型在科学中的地位，有不少人就把建立的数学模型叫成模式。模型、模式、原理、定律，这都是在越来越强调它的普适性（或者叫普世性），越来越强调自然规律是上帝定的法律，人们只能发现它，而不能发明它。

随着科学的发展，特别是量子力学的发展，人们越来越认识到，世界好像不是一部机器，不是靠一次推动就决定了世界的命运。这叫机械唯心主义或者机械唯物主义，是命运决定论者或者宿命论者。

我们认为：模型（模式、原理、定律）一定只是自然规律的一个近似！模型的发展一定是一个逐渐逼近（函数逼近或微分算子逼近）的过程。

抽象的象，还只是表象，并不是普世真理，并不是绝对真理。对真理的认识是与时俱进的，而且不是在一维空间可以比较的。这个真理比那个真理更真理一些？不行！不是数轴上那样可以排序的。

同时，定律也不是不能打破的。例如，杨振宁就是打破了宇称定律（宇宙是对称的，像欧几里得空间那样）而获得诺贝尔物理学奖。

大家可能马上会产生一个疑问或者质问：欧几里得空间是近似空间吗？

欧几里得空间当然只是我们所在空间的一个近似！他把土地、地球看成了平面。当然用另一种好听的语言叫抽象，抽出研究对象的一些主要的表象。但是，我们所处的空间，首先是关于质量弯曲的，进一步地，关于时间也是弯曲的。

你可以画出一条直线吗？世界上有直线吗？我们知道光线是弯曲的。欧几里得坐标、笛卡尔坐标系，只是存在于想象之中，你都没有办法实际构造出来。

回到毕达哥拉斯定理或勾股定理，那时是为了要在尼罗河下游重新划分被洪水冲垮的土地。划分土地应该是在地面——地球表面上的。但在地面上勾股定理根本不成立，地面上甚至都没有直线。小学时，平面可以想象成水平面，就像去公园看到的湖面那样。但是，水平面是平面吗？它难道不是地球球面吗？

浮力、重力、万有引力，也是近似。我可以举一个自己的亲身经历来说明。钟表摆的周期与摆的长度有关，我曾在瑞士买了一只瑞士手表。当时，售货员就问我是经常在欧洲使用，还是在中国使用？如果在中国使用，他还要对摆（游丝）的长度进行调整。也就是根据重力的不同，要调整摆的长度，才能使得刻画时间的摆的频率与世界钟的频率保持一致。

空间描述当然也是发展的。欧几里得无疑是伟大的开创者。欧几里得还写了一本传世名著——《几何原本》，提出了公理系统。可能大家都耳熟能详的，是其中最著名的平行线公理。

一直到19世纪中期黎曼（Riemann，1826—1866）在研究欧几里得公理系统时，发展出黎曼几何，代表性的就是球面几何。想解决的基本问题还是在地球表面上划分土地。既然你是研究地球表面，那么，采用球面几何肯定更加合理，但是，这样却引来第二次数学危机：球面上只有大圆（测地线，两点之间的最短路径），没有直线（平面上两点之间的最短路径）。球面上没法定义平行线，或者你定义的平行线都是相交的。

最重要的是，黎曼告诉我们：

世界不是只有一种描述方法，不是只有一种数学公理系统。

世界，不是只有一种世界的解释！

你用平面描述地面是对的，是真理。你用球面描述地面也是对的，也是真理。要看你在处理什么样的问题。造房子，打个平面的地基；预测台风的路径，那台风应该在球面上运动。

我们的三维世界，可能只是四维或更高维空间上的球面、环面，或是其他什么子流形。

当然你还会质疑：球面只是三维欧几里得空间内的子集，也可以用欧几里得空间表示啊！

这就引来更加复杂的数学或哲学问题：世界是有限的，还是无限的？我在复旦大学听"泛函分析"课程时,严绍宗老师曾经讲过一个例子。如果地面上——两维空间(它看不到三维)有个小虫,小虫想要研究自己所处的世界是什么样的,但它爬不远。如果它足够聪敏,像欧几里得那么聪敏,一开始它就会认为所处的空间是一个两维的欧几里得平面。我们人类也是如此,现在人类也没跑多远,还没有跑出太阳系,看到的也不多。那么,沿着两维的曲面,小虫会一直认为是在欧几里得平面上爬,一直感觉不到它所处的空间是弯曲的。那它会获得怎样的对自己所处空间的认识呢？我们人类已经在三维空间,可以给小虫一点提示：可能是球面,也有可能是环面。环可以想象成球扎了一个贯穿洞的物体,那么,也可能是球上面扎了许多贯穿的洞的表面。

这就引导到一个我们都听说过的著名的庞加莱猜想——在球上面扎了许多洞的实体表面,可以同胚成一串环链——一个环连着一个环,像刚出炉的连在一起的甜甜圈。

大家可能还是会问,环链不是还在三维空间里吗？数学上称为可以嵌入到三维空间,我们还是可以用三维欧几里得空间来描述它。先不说即使在三维空间,还有这个环链打成了一个什么样的结——这样复杂的问题,就只问两维的环链表面可以用更高维(有限维)的欧几里得空间表示吗？可以嵌入到高维欧几里得空间中吗？我的回答是：不知道。我可以保证,到现在科学界谁都没法知道。你能知道那个环链是几维的？就是只讲曲线,你都不知道它是几维的,甚至都可能是无限维的！例如,

$$f(t) = \sum \frac{t^n}{n!} e_n,$$

其中 e_n 是第 n 个笛卡尔坐标系的基底或者基底的方向。从这方面想问题(把它嵌入到一个更高维的欧几里得空间)对那个两维空间的小虫来说会更难,会更加无所适从,甚至我们人类都没有搞清楚,也

不能给它一点建议。作为两维空间的小虫,还是在两维空间探索思考问题吧!我们沿着两维流形爬过去看看。庞加莱就告诉我们,让我们先去数数,各种回路类型的个数,数学(几何)上叫做亏格。然后我们可以知道,那是多少个环面黏结在一起的。

写这篇文章时,我顺便去百度查了一下"几何学"这个词,看到这样一句话:"几何学远不止欧几里得这么简单,非欧几何才是现代几何学。"黎曼几何是非欧几何,还有一个著名的叫罗巴切夫斯基(Lobachevsky,1792—1856)几何(比黎曼还早些),或称为双曲几何(可能比球面几何更难理解,所以,黎曼几何更容易被大家熟悉)。在大学的数学课堂上,还很少介绍罗巴切夫斯基几何。简单的理解是,那个两维小虫是生活在马鞍面上。那里过直线(测地线)外一点,可以作无数条平行线(不相交的测地线)。可是双曲几何在物理上已经被大家接受,有了很大的应用,那就是爱因斯坦(Einstein,1879—1955)时空,在那里洛伦兹量可以定义这个四维双曲时空的距离:

时空距离的平方 = 洛伦兹量的平方 = $(ct)^2 - x^2 - y^2 - z^2$。

所有这些伟大的工作都只是在建立空间模型,都想回答我们生活的空间是什么样的,而且现时还只涉及两次的。

现在看到的数学模型研究,大多数只是在欧几里得水平或牛顿水平。引进非欧的,如黎曼的,特别是罗巴切夫斯基的模型,引进爱因斯坦的相对论模型,是更有意义的数学模型研究!

回到数学模型课程的内容。数学模型一般可以分成静态模型描述实体与动态模型描述运动。

静态模型有实体模型、曲线和曲面模型。例如,讲抛物线模型,不管是怎么画的,只关心画完以后是怎样的。稍微拓展一点有分段抛物线模型。达芬奇(da Vinci,1452—1519)在塑造佛罗伦萨的大卫像时,将塑像的特征线都设计成一段一段的抛物线,再将它连接起来。由此发展了一系列的诸如样条(弯曲能最小)、径向基函数(堆山模型)等模型。

数学模型课程主要涉及的是动态模型。动态模型是建立在静态模型基础上的。例如，万有引力是静态模型，而火箭发射、地球怎么绕太阳旋转是动态模型。动态模型的特点是与时间有关，手段与方法是建立微分方程关系，利用运动—振动、扩散—传播、动力系统的规律来建立实际问题的微分方程关系。其核心内涵是"抓住主要矛盾、主要矛盾方面与主要矛盾方面之间的关系"。

例如，研究物体下落。首先，我们关心重力的作用，得到的是抛物线模型，我们在高中时就学过了。速度的导数即加速度，等于常数，速度会越来越快。我们会有一个常识：高空坠物会砸破人的脑袋，但仔细看这个常识不是普适的。雨水从高空中落下，并不会砸破人的脑袋。其次，考虑空气阻力，会得到进一步的方程关系——空气阻力与速度成正比，速度越大，阻力也越大。进而可以得到进一步的解，会形成一个终极速度。这是18世纪炮兵学校学习的主要内容，而许多有关的数学家是当时炮兵学校的毕业生。再考虑黏弹性、音障等，逐渐地完善方程，进而可以得到更加精确的解，从而可以用在洲际导弹、航天器的设计上。

数据驱动的数学建模。从物理原理出发的数学模型是构造数学模型的主要方面。在构造的过程中，考虑越来越复杂的因素，已经从微观走向介观，从而出现一些复杂的微分方程，如纳维-斯托克斯方程。求解这样的微分方程，讨论这类方程解的性质，成为世纪难题。因此，有些人就从另外的角度来讨论问题，就是从数据出发（直接学牛顿、阿基米德），而不是从原理（前人构造的经典数学模型）出发。近年来吸引大量的研究工作者去深入研究这样的方法。典型的是从统计出发，有了大量的统计模型。结合统计学与算子逼近方法理论，有了机器学习，或者模型学习方法，进一步地是大家可能耳熟能详的深度学习的方法。这类方法不预设模型，而是通过学习逐步逼近真实的运动本质及规律。

希望可以引起大家对数学模型的兴趣与思考。

（本文是 2020 年春季复旦大学数学科学学院"数学模型"课程第一节课的讲稿。）

复旦大学数学科学学院　吴宗敏

数学内外

大家好！今天的讲座是今年中国数学会主办的第一个面向公众的在线讲座。今天是母亲节，在此也向天下所有伟大的母亲致以节日的祝福！我的母亲是一位数学家，她也是我学习数学的启蒙老师，我的讲座的题目是"数学内外"，这个题目的灵感也是来自我的母亲。很小的时候母亲告诉我，数学可以有很多角度去认识。我们知道在数学专业研究领域之外的人，与进入数学研究领域的人，所获得的体会和感受是不一样的。下面让我们从各个不同的角度一起了解数学内外的奥秘。

一、从各个不同的角度了解数学内外的奥秘

在我国古代，数学叫做算术，是"六艺"之一。六艺是指礼、乐、射、御、书、数6种技能，其中的"数"就是指算术，也就是数学（见图1）。六艺源自中国周朝的贵族教育体系，周王官学要求学生掌握6种基本才能。这有点像我们今天的高考，即使是文科考生，也要考数学，学数学的也需要考语文。

大家知道古希腊是西方文明的源头之一，是西方文明最重要和直接的渊源。西方有记载的文学、科技、艺术大都是从古希腊开始的。当然古希腊不是一个国家的概念，而是一个地区的称谓。数学

图 1　我国古代把数学叫做算术

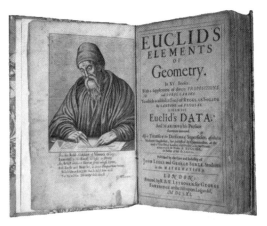

图 2　数学在古希腊语有学习、学问、科学之意

在古希腊语有学习、学问、科学之意(见图 2),被认为是"学问的基础"。

古希腊数学家普洛克拉斯(Prochorus)说:"哪里有数学,哪里就有美。"数学不仅可以展现美,还可以量化世间万物,让事物变得更加有趣。我国著名数学家华罗庚先生说过:"就数学本身而言,是壮丽多彩、千姿百态、引人入胜的……认为数学枯燥乏味的人,只是看到了数学的严谨性,而没有体会出数学的内在美!"数学美是自然美的客观反映,是科学美(内在美)的核心,也体现在艺术等美中。

例如，自然界中的花朵也有"数学头脑"。大家春天都喜欢踏青赏花，在花朵上也能找到数学的影子。例如，三角梅有 3 片花瓣，银莲花有 5 片花瓣。图 3 所示的这朵向日葵，呈现出斐波那契数列。斐波那契(Fibonacci，1175—1250)数列是从第三项开始，每一项都等于前两项之和。这朵向日葵有 21 个深蓝色螺旋和 13 个宝石绿螺旋，13 和 21 是斐波那契数列中的相邻数字。

图 3　向日葵花瓣呈现斐波那契数列的特征

建筑中也有数学。图 4 所示为谢科洛夫拉清真寺的房顶，建于 17 世纪的伊朗伊斯法罕，使用了双螺旋图案。它建于 1602—1619 年阿巴斯一世统治时期，历时长达 17 年，用于献给阿巴斯的岳父谢科洛夫拉(Sheikh Lotfollah)，这个清真寺也用岳父的名字命名。谢科洛夫拉是一位受人尊敬的黎巴嫩伊斯兰教学者，应邀来到伊斯法罕监管国王的清真寺和神学院。在这座清真寺中，从高高的窗格射进来的光线会随着阳光的角度不断变化，甚至穹顶上用到的白色瓷砖据说也会在一天里由白色变成粉红，真是非常奇妙。另外，为了保证信徒朝拜的方向对着圣地麦加，设计清真寺时经过严密的数学计算。

大家所熟知的画家达芬奇，在他的画作中，也能看到大量的数学

图4 建于17世纪的伊朗伊斯法韩的谢科洛夫拉清真寺的房顶

理念。当然达芬奇为大家所熟知的是他画家的身份,其实他本人精通生理解剖、建筑、音乐、数学等,被誉为全才。著名的数学表达式斐波那契数列以及其中衍生的"黄金分割"定律,在达芬奇为数不多却闻名于世的绘画作品中反复运用,其中就包括《蒙娜丽莎》(见图5)和《最后的晚餐》(见图6)。

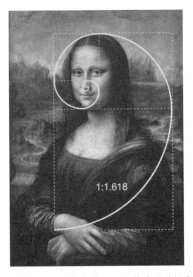

图5 《蒙娜丽莎》中体现的"黄金分割"定律

图6 达芬奇的《最后的晚餐》

这里我们可以打个比方：数学是一座百花齐放的美丽花园，但它的周围有墙挡着，外边的人不能一下子就领略到它的美丽。如果只是站在门外看，只能看到它通过自然和艺术等表现出的美。数学作为科学之母，它的抽象和严谨，也决定了需要有一些基础和投入更多的理解力才能真正感受它更深刻、更美妙的魅力。

二、从数学起源和早期情况探索数学内外的奥秘

下面让我们从数学的起源和早期的一些情况开始探索数学内外的奥秘。

据专家考证，数学起源于人类早期的生产活动，其基本概念的精炼就已出现在古埃及等的古代数学文本内。最早，人类采用实物记数的方法，如用小石头、树枝等，后来变成在骨片上刻画来计数。随着生产力的发展，后来有了绳子，便出现了结绳计数。我国《易经》中提到"结绳计数"，在世界其他地方（如印加帝国、希腊、波斯、罗马）也都有。

公元前8 000年左右，人们便开始用陶筹计数作为计数器，后来陶筹被沿用了5 000年未曾间断。举个例子来说，当时的羊群所有者如何保证帮他放羊的牧羊人，在很长一段时间的放牧之后，羊群数目

图 7　陶筹计数

能对得上呢？当时古人使用的是陶筹这样的计数工具（见图 7）。简单来说，陶筹计数就是双方把陶筹包裹在空心泥球里保存，双方在表面签名，以证明其真实性，这样即使是牧羊人放牧了很长一段时间回来后，羊群所有者和牧羊人对一下陶筹与羊群的数量即可，解决了信息不对称的问题。后来人们在表面画出内部的样子，就可以在不破坏泥球的前提下知晓内部数量。

　　有考古学家认为陶筹与楔形文字的发明有重要关系。后来随着人们智力的发展和实践活动的不断磨练总结经验，人们意识到不需要实际的陶筹，把筹码数量画在板上即可，于是有了泥板。这里要提到一个古老的民族——苏美尔人。苏美尔人是于公元前 5 000 年左右迁徙到西亚两河流域南部地区居住的古老民族。苏美尔人于公元前 3 000 年就进入了文明时期，创造了人类历史上最早的古文明，公元前 3 400 到公元前 3 000 年，在苏美尔人的乌鲁克泥板上发现了第一个记录财务数据的文件。我们从图 8 所示的泥板上可以得知：一个叫辛库的财务在 37 个月中收到 29 086 单位的大麦。

　　起初计数的符号取决于被计数的对象，羊与牛的符号是不一样的。公元前 3 000 年初期，数字获得了新的生命形式。为了表示 10

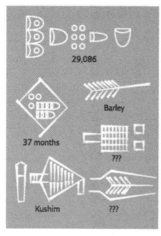

图 8　苏美尔人的乌鲁克泥板

头牛,人们可以不再画 10 个牛头,只需写个数字 10,旁边画一个牛头。这一刻意味着数字已经独立存在。数字从具体物品中、从现实中抽离出来,产生了数的概念,这是人类一个最伟大的发明。起初是自然数,如 1,2,3,4,5,6,7,8,9,…,这些数字我们称为阿拉伯数字。实际上,我们现在通用的这种数字书写法是印度人发明的,大约在 700 年左右,阿拉伯学者在被征服的地区发现当地数学比他们的先进,于是接纳了这套印度数字,阿拉伯世界随后见证了数学的巨大发展,而当时的欧洲人却对此视而不见,仍然使用较为费事的罗马数字。数学家斐波那契是在西方推行印度阿拉伯数字的先行者,一直到 13 世纪,印度阿拉伯计数法才慢慢在西方推广开来,可见开放心态和慧眼识珠的重要性。之后由于实际应用和四则运算,就需要引进有理数,即两个整数的比。古希腊数学家、哲学家毕达哥拉斯是有记载的第一个注重"数"的人(见图 9),当时他发出感叹:"数是万物之本"。数字的抽象化,是一个极其重要的、具有划时代意义的节点。

数的概念产生之后,数学逐渐形成独立的学科。早期几何学是

图 9　毕达哥拉斯画像

关于长度、角度、面积和体积的经验原理,用于满足在测绘、建筑、天文和工艺制作中的实际需要。几何的英文"geometry"是由词根"geo-"(大地)加上"metry"(测量)组成,本意是"测量大地",最初的几何学就是如何测量土地面积的学问。可以说最初的土地测量员就是"最接地气"的"数学家"。

土地测量员等早期"数学家"要解决的主要问题包括:如何划分土地面积?如何按照面积计算土地的价格?两块地哪块更接近水源?水渠的修建应该遵守什么样的路线才能使距离最短?等等,这些都是与生产生活紧密相关的问题。

据说治水的大禹是我国最早的测量员之一。战国时期的水利专家郑国(见图10),主持勘察、测量、设计的郑国渠是我国古代四大古渠之一。其中还有一个有趣的故事,郑国这个人其实是韩国的间谍,他前往秦国游说秦王修筑水利工程,以起到拖累秦国的目的。但是韩国万万没有想到,水渠修筑之后,秦国的国力因此变得更加强大。虽然郑国未能起到拖垮秦国的作用,但是,他作为一名卓越的水利专家,治理水患,改变了关中农业区的面貌,值得称颂。这个故事也告诉我们:自强才是御敌之本。

图 10　战国时期的水利专家郑国

图 11 中展示了新石器时代的陶罐,上面有很多几何纹饰,这些几何纹饰来源于生产生活,反映了当时社会生活的各个方面,包括图腾崇拜等,也有一种说法是这些陶罐反映了原始人的审美观念已经从实用中分离出来。马家窑文化因最早发现于甘肃省临洮县的马家窑村而得名,年代约为公元前 4 200 年至公元前 3 300 年,也就是距今 5 700 多年的新石器时代晚期。半山文化是马家窑文化的晚期类型之一,因甘肃省广河县(一说是和政县)半山遗址而得名。

(a) 锯齿菱格纹彩陶罐　　　(b) 旋涡纹瓶马　　　(c) 彩绘小陶罐马家窑
　　甘肃省博物馆藏　　　　　　家窑文化　　　　　　文化(半山文化)

图 11　新石器时代的陶罐

差不多同期，在公元前 3 000 年，埃及人就有方形棱锥的锥台体积的正确公式。大家熟知的埃及金字塔（见图 12）就是结构对称、比例精确的三角形。金字塔是由无数裁切准确的巨大石块组成的帝王陵墓，当时的人们把金字塔有条不紊地安置在规矩的空间中，呈现出高度秩序。

图 12　埃及金字塔

古巴比伦与中国、古埃及、古印度一并称为"四大文明古国"。图 13 所示为古巴比伦伊什塔尔城门。这是德国考古学家在发现巴比伦古城时发掘的，之后被带回柏林的博物馆。

图 13　德国佩加蒙博物馆伊什塔尔城门

古巴比伦时期的数学很发达,计数法采用的是十进位和六十进位法。钉头型代表1,尖头型代表10,通过加法这两个符号可以表示直到59,如32由3个尖头型和2个钉头型构成。从60开始使用符号组,记录60的符号也是由之前的符号构成,如数字145由2个60构成120,再加25个单位(见图14)。六十进位法应用于计算周天的度数和计时,至今为全世界所沿袭。在代数领域,古巴比伦人已经可解含有3个未知数的方程式。另外,古巴比伦人还有一个三角函数表。

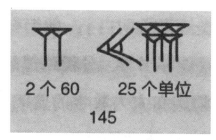

图14 古巴比伦计数法

数学经过初期的发展后,不再局限于田间地头、修筑工程等与农业生产等息息相关的技术,而是逐渐形成为一门研究数量、结构、变化、空间等概念的学科。数学形成学科之后,越发凸显这样几个特点:数学的指向是现象背后的客观规律,它是抽象的,严密的逻辑是其基础。数学追求的是抽象美和终极真理。它的逻辑性强,并以兴趣和好奇心为首要驱动。数学非常纯粹,它的正确与否不因人的意志而改变。

世界上比较早地用严密逻辑探讨世界本源的发端之一是意大利半岛的古希腊。柏拉图学园门口挂着"不懂几何者,不得入内"。当时的几何,即指数学。图15所示是意大利著名画家拉斐尔(Raffaello,1483—1520)的《雅典学园》,这幅画取材于公元前4世纪古希腊哲学家柏拉图(Plato)举办柏拉图学园的故事,整幅画洋溢着浓厚的学术氛围。在画中,拉斐尔把两位古代伟大的数学家安排在很显著的位置。左边的中心人物是古希腊数学家、哲学家毕达哥拉斯,右边的是编撰《几何原本》的古希腊数学家欧几里得。

欧几里得生活于约公元前330年到公元前275年之间,被称为"几

图 15　拉斐尔的《雅典学园》

何之父",欧几里得几何学成为用公理化方法建立起来的数学演绎体系的最早典范。在之后的 2 000 多年间,这一严格的思维形式,不仅用于数学,也用于其他科学,甚至用于神学、哲学和伦理学中,产生了深远的影响。

这里我们要特别提到一位著名的女数学家希帕提娅(Hypatia,约 370—415,见图 16)。她出生在埃及亚历山大里亚城,是世界上有记载的第一位女数学家。也另有说法,在希帕提娅之前其实也有不少女性从事数学研究,但她们的作品没有流传下来。希帕提娅的父亲赛翁(Theon)是有名的数学家和天文学家,希帕提娅协助父亲完成《几何原本》的现在版本,这位聪慧的女性以她的才华和贡献跻身于古代世界最优秀

图 16　古希腊著名数学家和哲学家希帕提娅

的学者之列。公元 415 年她惨死于暴徒手下。希帕提娅虽去世了 1 500 多年,但她的科学精神鼓舞了一代又一代的青年人,尤其是女士们从事数学研究。今天女数学家的比例越来越高,在世界一流大学工作的华裔女数学家就有许多。

文献中普遍认为:欧几里得是在公元前 300 年左右完成了《几何原本》一书。全书分 13 卷,有 5 条"公理"或"公设"、23 个定义和 467 个命题。欧几里得由公理、公设和定义出发,严格推导出命题。他严格论证了毕达哥拉斯定理,即"勾股定理",从而确定了勾股定理的正确性。

如图 17 所示,远在公元前约 3 000 年的古巴比伦人就知道和应用勾股定理,还知道许多勾股数组;古埃及人也应用过勾股定理;在中国,西周早期的商高提出了"勾三股四弦五"的勾股定理的特例。勾股定理等价于证明:在一直角三角形中,斜边上的正方形的面积等于两条直角边上的两个正方形的面积之和(见图 18)。

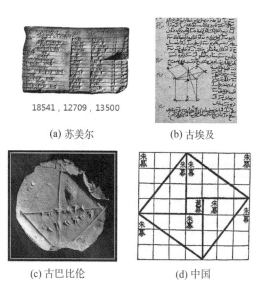

(a) 苏美尔　　(b) 古埃及

(c) 古巴比伦　　(d) 中国

图 17　勾股定理

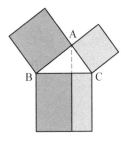

图 18　勾股定理

我国数学家赵爽是东汉末年至三国时代的吴国人。赵爽为《周髀算经》作注时,解释了《周髀算经》中的勾股定理(见图 19),并给出了证明:"按弦图,又可以勾股相乘为朱实二,倍之为朱实四,以勾股之差自相乘为中黄实,加差实,亦成弦实。"2002 年国际数学家大会会标的灵感就来源于此,这个标志现在也是中国数学会的标志(见图 20)。

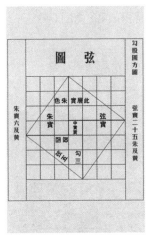

图 19　赵爽弦图

图 20　中国数学会的标志

古希腊数学家泰阿泰德(Theaetetus)发现只存在 5 种正多面体,不存在第六种(见图 21)。这一结果的证明最早也是出现在欧几里得的《几何原本》中。柏拉图的宇宙观基本上是一种数学的宇宙观。他设想宇宙开头有两种直角三角形,一种是正方形的一半,另一种是等边三角形的一半。从这些三角形就合理地产生出 4 种正多面体,组成 4 种元素。火是正四面体,气是正八面体,水是正二十面体,土是立方体。第五种正多面体是由正五边形形成的十二面体,这是组成天上物质的第五种元素,叫做以太。5 种正多面体被称为"柏拉图立体"。可见被授予光环的也不一定是原本的发现者。

图 21　5 种正多面体

仔细观察,城市中很多球形建筑上都有 12 个特殊的点,如位于北京奥森公园附近的中国科技馆(见图 22)。这些球形建筑上有 12 个特殊的点,每个点由 5 个三角形组成,这是多面体几何性质约束的结果。大家有兴趣可以去现场找找这 12 个特殊点。其实,在 2 000

图 22　中国科技馆

多年前古希腊数学家已经发现了这一特点。

大型球状建筑物,类似于将正二十面体每个三角形切分成 4 个三角形,然后将每一个新的三角形再同样切分,依次切分下去,得到若干小三角形侧面,将它们"吹鼓"起来变成类球体形状。之前提到的中国科技馆球状建筑就是这样,由成千上万块小三角形拼成,球体表面的 12 个特殊的点就是原本正二十面体的 12 个顶点(见图 23)。在生活中,我们还可以看到类似的物品,如足球其实是截去顶点并稍加吹鼓起来的正二十面体。

(a) 将正二十面体的每个　(b) 侧面被切割并被"吹鼓"
　　侧面切分为4个三角形　　　的正二十面体

图 23　正二十面体

欧几里得《几何原本》中还有关于数论的结果:有无穷多个素数。素数是只能被 1 和自己整除的正整数,如 2, 3, 5, 7, 11, 13, …,任何整数都可以分解成素数的乘积,所以,素数被认为是数的"原子"。数论是数学的核心分支之一,研究素数是数论的一个重要部分。许多著名猜想都与素数有关,如被誉为"皇冠上的明珠"的哥德巴赫(Goldbach,1690—1764)猜想:任一大于 2 的偶数都可写成两个素数之和。至今最好的结果是 1966 年陈景润先生证明的。还有有关黎曼 ζ 函数零点分布的著名的黎曼猜想。素数理论被用于信息安全技术,有无穷多个素数是现代信息安全技术的基础。

素数不仅有无穷多个,我们还能描述它的分布,素数定理就是其中一个描述。素数定理(Prime Number Theorem)叙述如下:设 $x \geqslant 1$,以 $\pi(x)$ 表示不超过 x 的素数的个数,则当 x 趋于无穷时,

$\pi(x) \sim x/\ln(x)$。

1896年,阿达马(Hadamard,1865—1963)和德·拉·瓦莱布桑(Charles-Jean de la Vallée Poussin)各自独立地证明了素数定理。1949年,塞尔伯格(Selberg,1917—2007)和埃尔德什(Paul Erdös,1913—1996)分别独立地给出了素数定理的完全"初等"的证明,这是塞尔伯格获得菲尔兹奖的一个重要工作。由素数定理可以估计素数的个数:如果 x 是 1 亿,则素数有 300 多万个;如果 x 是 100 亿,则素数有 3 亿多个。我们还可求 $\pi(x)$ 的渐进展开公式,第二个本质项的幂次大小与黎曼猜想紧密相关。

素数理论在好莱坞电影中也出现过。获奥斯卡奖的好莱坞科幻电影《超时空接触》(见图24)中就有素数理论的应用。女主人公利用

图24 好莱坞科幻电影《超时空接触》海报

素数的数学理论破译了来自外太空的密码,这些密码是生产时空机器的图纸和说明。时空机器制造出来后,女主人公成为人类首位与外星生命接触的使者。她飞越宇宙,与外太空的生命进行理智的接触。

数学结论最基本的要求是"正确",无论多么显然的结论,都需要从已知的确定结论通过正确的推理得出。这成为数学最显著的特征。几何原本提出五大公设,其中第五公设与前4个公设相比不那么显而易见。那么,第五公设能否作为公设而作为定理?循着这条路线,这就是最著名的、争论长达2 000多年的关于"平行线理论"的讨论。由此产生了很多意想不到的、具有重要价值和意义的研究成果。

大约是在1830年,俄国的罗巴切夫斯基、匈牙利的雅诺什(Janosch)发现了第五公设不可证明,创立了非欧几何学。雅诺什在研究非欧几何学的过程中遭到家庭和社会的冷漠对待,他的父亲——数学家鲍耶·法尔卡什(Bolyai,1775—1856)也劝他放弃。高斯也发现第五公设不能证明,并且研究了非欧几何。但是,高斯害怕这种理论会遭到教会力量的打击,不敢公开发表。可见探索真理的道路并不是一帆风顺的,是非常艰苦的,需要有持之以恒的努力和坚定的信念。

双曲几何中有4种常用模型,庞加莱圆盘模型是其中一种(见图25),有无穷多条线通过一个给定的点且平行于一条给定的线。

著名数学家黎曼1851年创立了黎曼几何,引进了流形和度量的概念,证明了曲率是度量的唯一内涵不变量,具有划时代的意义。从欧几里得的第五公设引发的关注和思考,产生了非欧几何诸多重要的研

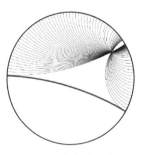

图25 庞加莱圆盘

究方向,这些研究并不都是以"有用"作为研究原点,但最终证明是非常有价值的。1915年,爱因斯坦创立了新的引力理论——广义相对论,黎曼几何成为其重要工具。

图 26　黎曼

数学研究的最初目的往往不是为了功利,最后却获得特别的成果和重要的应用。数学是不以"有用"为研究的原点,也就是说,数学本身是非常纯粹的。好的数学并不仅仅屈从于某个具体的目的,一旦取得数学中思维的突破,实际上是极为"有用"的。所以,我一直都认为数学是不以"有用"为研究的原点,实际上却又是极为有用的学科,事实上,数学无处不在。下面我们一起具体来看。

三、数学无处不在

1. 数学的简洁性

数学的简洁性是人类思想表达经济化要求的反映,它同样给人以美感,给人很纯粹的感觉。爱因斯坦说过:"美在本质上终究是简单性。"如欧拉公式,无法说清楚有多少凸多面体,但它们都必须服从欧拉公式,且由此可推出只存在5种正多面体。

欧拉公式：$\overset{\text{顶点}}{V} - \overset{\text{边}}{E} + \overset{\text{面}}{F} = 2$。

多面体的欧拉公式实际上是欧拉示性数的特别情形，这是一个拓扑不变量。20 世纪 40 至 60 年代，示性数理论得到进一步发展，引进了陈（Chern）数、庞特里亚金（Pontriagin）数，证明了高斯-波涅-陈（Gauss-Bonnet-Chern）定理

$$\frac{1}{8\pi^2}\int \mathrm{d}^4 x \sqrt{-g}\, G = \chi(M)$$

和指标定理。这些新理论与物理中规范场论有紧密联系。在凝聚态物理中，量子霍尔效应的拓扑序可用示性数描述。

2016 年诺贝尔物理学奖颁发给 3 位从事拓扑相变和拓扑物质形态研究的学者。拓扑是几何学发展而衍生的一个核心数学领域，研究几何体在连续形变中所不改变的性质。拓扑物质形态用拓扑示性数，如"陈数"，来刻画新的物质形态。拓扑相还存在于三维材料中。这些拓扑材料有望在新一代电子器件和超导体中产生应用，以及在未来量子计算机方面有应用。

2. 数学的对称性

对称性是数学美的一个基本内容。中国的建筑就很好地应用了数学的对称美。例如，故宫在北京中轴线中心上，彰显皇权的至高无上。走进皇城，每件东西也都很讲究对称。横九路、竖九路，共是九九八十一个。对于我们中国人而言，九，是阳数之极，象征帝王最高的地位。甚至连围墙，都被精心计算好角度。天坛（见图 27）也是如此，有很多对称的元素。

用形状、大小完全相同的几种或几十种平面图形进行拼接，彼此之间不留空隙、互不重叠地铺成一片，这就是平面图形的密铺。除正三角形、正四边形和正六边形外，其他正多边形，如正五边形，都不可以密铺平面。但有的五边形可以密铺平面，图 28 列出了 15 种早已熟知的五边形密铺。第十六种可密铺五边形是在 2015 年美国数学家发现的。

图 27　包含对称性元素的天坛

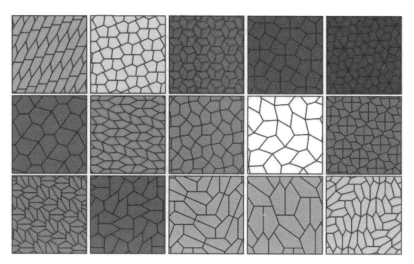

图 28　15 种五边形密铺

密铺在建筑中也常见到。西班牙格拉纳达红宫(见图 29)是伊斯兰世界在西班牙留下的辉煌古迹。阿拉伯的工匠们在几何图案的设计中展现出令人叹为观止的创造力。大家可以看到,红宫的建筑纹饰是各种几何图形的对称、旋转、平移。目前只存在 17 种类型的几何密铺,我们在红宫都可以找到。

图 29　西班牙格拉纳达红宫及其部分建筑文饰

3. 数学的深刻性

数学的深刻性是毋庸置疑的,数学中最漂亮的部分常联系不同的分支,揭示特定的本质。例如,勾股定理告诉我们:$a^2+b^2=c^2$ 有很多整数解。

著名的费马大定理就是记录在《算术》(*Arithmetica*)1621 年版中:如果 $n>2$,则 $a^n+b^n=c^n$ 没有非零整数解。费马声称自己有一个"绝妙的证法",当然他没有写下来。

费马猜想的证明有很长的历史,期间经历了几次重大突破,这个问题最终在 1994 年被怀尔斯(见图 30)证明,他也因此拿到了为他特别制作的菲尔兹银质奖章。怀尔斯的证明用到大量现代数学工具和技巧,他的证明揭示了椭圆曲线和数论之间的深刻联系。

费马大定理的证明正是基于椭圆曲线的理论。近年来,利用椭圆曲线的密码系统越来越受到重视。椭圆曲线在密码学中的使用是在 1985 年由科布利茨(N. Koblitz)和米勒(V. Miller)分别独立提出的。实际上,密码学已经广泛应用在我们的日常生活中,如银行密

图 30　英国著名数学家、牛津大学教授安德鲁·怀尔斯

码、电子商务等。它使用了大量的数学工具。在电子商务中,经典的 RSA 算法被广泛使用。RSA 算法是由麻省理工研究人员李维斯特(Rivest)、沙米尔(Shamir)和阿德尔曼(Adleman)在 1978 年公开推广的,其基本原理是因为素数分解的困难。而椭圆曲线密码的安全性远远高于用素数分解的 RSA 算法。

椭圆曲线就是三次代数曲线,即复平面上三次代数多项式的零点集,如 $y^2 = x^3 + 1$,$y^2 = 5x^3 - 7$ 等。研究一般多项式零点集的几何称为代数几何。

4. 数学的统一性

数学的统一性可表现为数学概念、规律、方法的统一,数学理论的统一,数学和其他科学的统一。1904 年,著名法国数学家亨利·庞加莱(见图 31)提出一个拓扑学的猜想:"任何一个单连通、闭的三维流形一定同胚于一个三维的球面。"一个闭的三维流形就是一

图 31　法国邮票上的庞加莱像

个有界无边的三维空间；单连通指这个空间中每条闭曲线都可以连续地收缩成一点。因此，庞加莱猜想可以通俗地说成：任何一个满足这样性质的三维空间，它"本质上"是一个三维的球。这个猜想可以被推广到三维以上空间，被称为"高维庞加莱猜想"。

多年来，每一次庞加莱猜想的突破都是数学界的大事情。1961年斯蒂芬·斯梅尔(S. Smale)证明了庞加莱猜想的五维空间和五维以上的情形，立即引起轰动。斯蒂芬·斯梅尔也因此获得1966年的菲尔兹奖。1982年，弗里德曼(M. Freedman)证明了四维空间中的庞加莱猜想，并因此获得1986年的菲尔兹奖。很多人用拓扑学的方法研究三维庞加莱猜想没有进展，有人开始想到使用其他的工具。威廉·瑟斯顿(W. Thurston)就是其中之一。他引入了几何结构的方法对三维流形进行切割，提出了几何化猜想，并解决了一个重要情形，瑟斯顿因此获得1982年的菲尔兹奖。庞加莱猜想是几何化猜想的一个特别情形，但瑟斯顿解决的情形不包括庞加莱猜想情形。

千百年来，数学家们在拓展人类思维边界的道路上不懈努力，取得了众多的杰出成果。但是，还有很多悬而未解的重大问题，有待有志者去解决。例如，2000年著名的克雷数学研究所将庞加莱猜想等7个重要数学问题列为"七大千禧年难题"（见图32），即：NP完全问题、霍奇猜想、庞加莱猜想、黎曼假设、杨-米尔斯理论、纳卫尔-斯托可方程、BSD猜想。破解每个难题都可获得100万美元的奖励，这七大数学难题被认为是"对数学发展具有中心意义、数学家们梦寐以求而期待解决的重大难题"。

图32　七大千禧年难题

传奇数学家佩雷尔曼(Perelman，见图 33)花了 8 年多时间研究庞加莱猜想，在 2002 年 11 月和 2003 年 7 月之间，他将 3 份关键论文的手稿上传到 arXiv.org 这个专门刊登数学等学科预印本论文的网站，并且用电子邮件通知几位数学家，声称自己已经证明几何化猜想。后来，佩雷尔曼理所当然地获得菲尔兹奖，但他并没有去领奖。佩雷尔曼的数学才华和特立独行，大家在网上都能查到相关描述，这里就不再赘述。

图 33　传奇数学家佩雷尔曼

在佩雷尔曼的证明中使用了哈密尔顿引进的里奇(Ricci，1853—1925)流(见图 34)，它是一组微分方程。他通过完成一系列的拓扑手术，构造奇点可控的几何解，从而解决了几何化猜想以及三维的庞加莱猜想。这是用几何分析技巧理解拓扑问题的典范。

5. 数学的关联性

不仅数学的不同分支之间有深刻的联系，数学和物理更是一直在相互启发、相互推动、一同发展。爱因斯坦方程应用在广义相对论中，宇宙

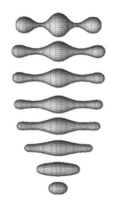

图 34　里奇流

一切物质的运动都可以用几何学中的曲率来描述,引力场实际上就是一个弯曲的时空。

计数几何是代数几何的一个重要分支,研究几何方程的解的个数。它有非常悠久的历史。近 30 年来,计数几何与物理的拓扑场理论研究相互影响,促进了两个学科的高度发展。它的研究更加系统化,与数学其他分支(如表示论、微分方程等)紧密相连。量子同调环就是一例。1993 年,受物理中场论研究的启发,我和阮勇斌首次建立它的数学理论,解决了一类经典的计数几何问题。

数学在经济学、生物学等学科的发展中也起到非常重要的作用。很多诺贝尔经济学奖得主都是学数学出身的,大家熟悉的约翰·纳什(John Nash, 1928—2015,见图 35)就是数学家,也是奥斯卡电影奖《美丽心灵》的主人公原型。约翰·纳什是普林斯顿大学教授,我之前在普林斯顿工作,在校园里时常见到他。纳什不仅获得了诺贝尔经济学奖,还获得了阿贝尔奖。阿贝尔奖是数学界的重大奖项,是为了纪念挪威著名数学家阿贝尔(Niels Henrik Abel, 1802—1829) 200 周年诞辰而设立的。据说设立此奖的一个原因也是因为诺贝尔奖没有数学奖项,阿贝尔奖奖金的数额大致与诺贝尔奖相近。

图 35　约翰·纳什

此外，1997年诺贝尔经济学奖得主罗伯特·莫顿（Robert C. Merton）也是数学家。2005年诺贝尔经济学奖得主罗伯特·奥曼（Robert John Aumann）的最高学历是麻省理工学院的数学博士。2012年诺贝尔经济学奖颁发给哈佛大学的罗斯（Alvin E. Roth）和加州大学的沙普利（Lloyd S. Shapley），他们两人本科和博士都读的是数学专业。

数学在医学上也无处不在。例如，利用概率和统计来验证新药或程序的有效性，或者估计接受某些治疗的癌症患者的存活率。我们在医院中常见的CT成像技术（见图36）的数学基础是Radon变换。

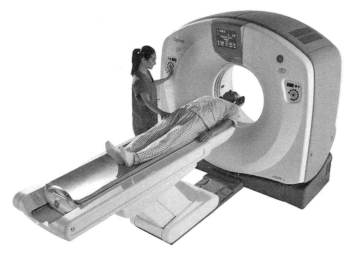

图36　CT成像技术

纯数学在遗传学的一个重要应用是哈代定律。哈代（G. H. Hardy，1877—1947）是著名数学家，他曾经说过："我从未做过任何有用的事情，我的发明不会直接或间接地对改变世界做出任何贡献。"有趣的是，1908年哈代的工作在遗传学方面得到了应用，并且有一个以他的名字命名的哈代定律，被称为人口遗传学的科学基础。

1854年英国医生约翰·斯诺(John Snow)通过绘制英国伦敦的霍乱地图及利用统计方法,发现病毒来自被污染的水泵。近年来,研究者综合利用统计模型,基于多源信息对传染病的流行规律进行更加精确的建模分析。在此次新型冠状病毒疫情中,国内外研究团队大多数都是以动力学模型为基础,给出疫情发展趋势的分析和预测。中国数学会已向国家提交多篇有关论文和报告。

近年来,人工智能、大数据兴起,成为受人瞩目的研究领域,北京大学还设置了数据科学专业。人工智能、大数据其实也是与数学密不可分的。有观点认为,AI人工智能科技的本质就是数学。而大数据本质上就是海量数据的汇集,数学提供了研究基础和工具。

可见数学有极大的价值和用处。历史的经验告诉我们,数学研究在发达国家的科学战略中始终居于最重要的地位。我们的国家要实现可持续发展,必须有原创性的科学研究以及原创性的数学研究!

数学等基础学科已经得到国家重视,2018年国务院印发《关于全面加强基础科学研究的若干意见》(见图37),以进一步加强基础科学研究、大幅提升原始创新能力、夯实建设创新型国家和世界科技强国的基础。

为了落实《关于全面加强基础科学研究的若干意见》要求,切实加强我国数学科学研究,2019年7月12日,科技部、教育部等四部委联合印发《关于加强数学科学研究工作方案》。工作方案指出:"数学实力往往影响着国家实力,几乎所有的重大发现都与数学的发展与进步相关,数学已成为航空航天、国防安全等领域不可或缺的重要支撑。"

最后,我引用四川大学罗懋康教授写的一副对联(见图37),表明我们数学家也不乏有深厚的文学和艺术修养。这副对联(见图38)是:

图 37　位于北京大学全斋北门的数学对联

天道几何　万品流形先自守
变分无限　孤心测度有同伦

从汉语字义和数学角度去理解,这副对联都充满深刻的含义。在短短的 22 个字中,有几何、流形、变分、无限等 7 个数学概念。这副对联的意思是:不管客观世界的规律如何,万事万物都早已按照这些规律发展演化。客观世界的变化是无穷无尽的,总有一心追寻科学真理的同路人。数学充满着无穷的魅力,深深吸引着一代又一代有志之士不断探索、攀登。希望有更多优秀人才加入数学研究的行列。谢谢大家!

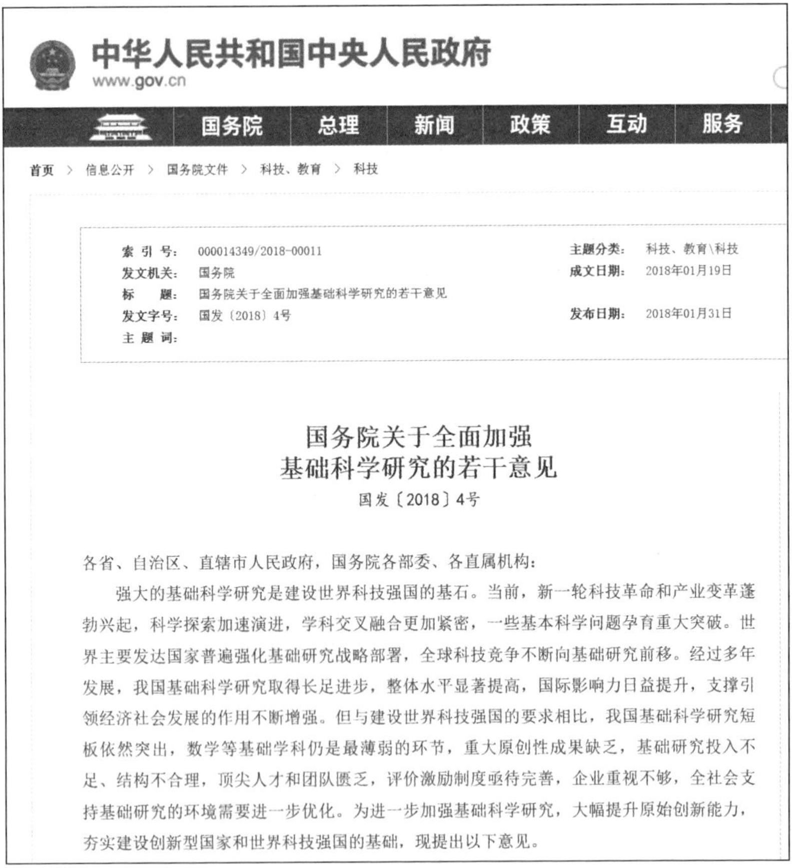

中华人民共和国中央人民政府
www.gov.cn

国务院 总理 新闻 政策 互动 服务

首页 > 信息公开 > 国务院文件 > 科技、教育 > 科技

索 引 号：	000014349/2018-00011	主题分类：	科技、教育\科技
发文机关：	国务院	成文日期：	2018年01月19日
标　　题：	国务院关于全面加强基础科学研究的若干意见		
发文字号：	国发〔2018〕4号	发布日期：	2018年01月31日
主 题 词：			

国务院关于全面加强
基础科学研究的若干意见
国发〔2018〕4号

各省、自治区、直辖市人民政府，国务院各部委、各直属机构：

强大的基础科学研究是建设世界科技强国的基石。当前，新一轮科技革命和产业变革蓬勃兴起，科学探索加速演进，学科交叉融合更加紧密，一些基本科学问题孕育重大突破。世界主要发达国家普遍强化基础研究战略部署，全球科技竞争不断向基础研究前移。经过多年发展，我国基础科学研究取得长足进步，整体水平显著提高，国际影响力日益提升，支撑引领经济社会发展的作用不断增强。但与建设世界科技强国的要求相比，我国基础科学研究短板依然突出，数学等基础学科仍是最薄弱的环节，重大原创性成果缺乏，基础研究投入不足、结构不合理，顶尖人才和团队匮乏，评价激励制度亟待完善，企业重视不够，全社会支持基础研究的环境需要进一步优化。为进一步加强基础科学研究，大幅提升原始创新能力，夯实建设创新型国家和世界科技强国的基础，现提出以下意见。

图 38 《国务院关于全面加强基础科学研究的若干意见》

提问与回答

问：为什么我国中学生在世界数学奥林匹克竞赛中屡获佳绩(30 多年)，而至今无人获得菲尔兹奖？

答：奥数竞赛跟做数学研究完全是两回事。竞赛是在指定时间内解出一道给定的题目,而做研究需要自己去开发问题,对时间要求也没有那么严格。从实际情况来说,我们培养一个数学人才,最重要的还是看其是否确实对数学有兴趣。很多参与数学竞赛的学生后来都不做数学了,就是因为他们对于数学并没有兴趣或是兴趣没有那么大。我们现在有些年轻数学家确实做出了非常突出的工作成果,至少是有可能得奖的,但是否近几年内就能拿到,这很难说。就像是张伟、恽之玮、许晨阳,还有朱歆文都做出了相当好的工作。我也知道我们现在有些年轻人也是积极努力朝这个方向走,获奖就是一个时间早晚的问题。获奖与否也取决于很多因素,评审委员会来自各个国家,候选人的工作成果也需得到国际学术界的了解和认可。我们会为年轻学者创造更好的条件,鼓励他们做大问题,参加一些重要的学术交流,争取更多的国际认可。当然,比起得奖,对数学发展来说,更重要的还是产生一些对人类的发展起到关键推动作用的工作。

问:接触一个相对新的数学领域,尤其是对于新人,有什么好的建议吗?是读一本这个领域的著作,还是读几篇或者十几篇高质量的论文?如何做效率会高一些?

答:打好基础对学习新领域是非常重要的,开始的时候可以先读一些相关领域的书籍来了解基本概念,这是必要的。再根据兴趣读一些论文。当然,论文不像书籍那样条理非常清楚,论文在思维上可能会有一些跳跃,读起来会有难度,初学的人不要感到很为难,不强求读得多,根据个人的兴趣和情况,可以先挑选一些重要的文章阅读。可以设法推广延伸,深入理解论文的结果和方法,多思考,努力解决一些问题。做研究一定要有耐心,不必太过担心效率。

问:怎样让中国数学从小学开始培养?小学生如何建立数学思维?家长在家庭生活中如何有效引导孩子(当然不仅仅是学习书本)?

答：（笑）这个问题可能是家长提的。刚才我在报告中也介绍了，其实数学离我们的日常生活并不遥远，数学无处不在，在自然界中有数学，在日常生活中到处都能找到数学的影子。在家庭教育中，孩子的数学思维培养可以从生活的小事着手。比如，在孩子很小的时候，让他对应着实物数数，建立起数字的概念。比较大小、长短、高矮等，在孩子的脑海中建立抽象概念。另外，平时也可以与孩子玩一些有趣数学的游戏。我的母亲也是数学家，我记得在我小时候，那时候物质条件远不如现在，我母亲就和我玩称球游戏，给定球的数量和限定称的次数，找出坏球。通过寓教于乐，孩子不会觉得枯燥，培养了孩子的好奇心和求知欲，帮助他们建立起逻辑推理的能力。现在有很多学习机会，如科普书籍和网课，可以有针对性地选择一些数学启蒙书籍，这对于建立数学思维也是很有帮助的。我母亲在我小时候就引导我读《几何原本》，那个时候我就对数学产生了浓厚的兴趣。

问（来自辽宁营口的网友）：您认为目前中国基础教育的数学发展中的优势在哪里？还有哪些有待进一步深入推进的方向？

答：这十几年来中国数学有了非常好的发展，尤其从国家的各大人才计划实行以来，引进和培养了一批非常优秀的年轻人，对数学的队伍建设起到非常好的作用。随着国家经济条件的变好、高等教育水平的提高与学校人才培养质量的提升，以及现在国家对数学的重视，年轻人学数学的热情和兴趣也提高了，人才后备军还是很不错的。这几年我们确实培养了一些相当好的年轻人。整体来看的话，中国数学的发展趋势还是非常好的。但在一定程度上，如果在三四十岁以下的年轻人中间比较，中国的数学人才和美国或是整个欧洲还是有一定差距，但要和欧洲某个国家相比，我们还是有一定优势的，因为确实有一批优秀的年轻人，而且中国人也多。和美国相比的话，美国的优秀人才的来源更丰富、也更多元，因为它把全世界优秀的人都吸引过去，而我们目前主要的人才来源还是集中在华人或者是归国人才,还有靠自己培养的一部分人才。我对于以后的发展充满信心,主要是我们的队伍比较好,当然可能还需要一些时间让外人来了解我们所做的工作,再通过一定的努力可以吸引一些国外的优秀学生或是博士来中国学习、工作,以扩大我们的国际影响。当然一所大学或者科研机构是否真的达到世界一流,其中一个重要的标准是看世界各地的年轻人是否愿意来这里学习。对于博士或是博士后来说,他们不会只考虑待遇的问题,他们更看重在这里的经历对他们以后的发展有没有帮助。在这个方面,我们的条件也是越来越好,有一定的竞争力,但还需要继续努力。

北京大学数学科学学院　田　刚

谁持彩练当空舞

"谁持彩练当空舞",这是对七彩彩虹最形象、最浪漫的描述。七彩当然是指"赤橙黄绿青蓝紫"7种颜色。小时候大家都用过七彩笔,可以恣意涂抹,而老师或家长就会告诉我们:"用这几种颜色可以画出任意的图画,只要你好好学。"也就是说,我们认为从太阳光中可以分离出所有的颜色。后来发现,颜色还有更多。例如,红还分紫红、大红、粉红,绿还分墨绿、深绿、浅绿,这些可以用七彩颜色的搭配融合显示出来。再后来学了一些粉彩画或油画原理,知道了三原色的概念。用"红、黄、蓝"3种颜色就可以调和出各种颜色(见图1)。到了电子时代,由于电子显示的材料限制,人们采用的是三基色"红、绿、蓝",也可以搭配调和出各种颜色。

现在打开手机中的照片文件,可以发现它是由3个矩阵构成,矩阵的元素就是把照片划分成一个个小方格,3个矩阵分别记录"红、绿、蓝"3种颜色在这个方格中的用量,或者说在每个方格中涂上一定

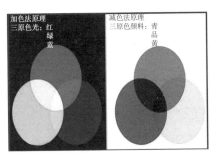

图1 "红、黄、蓝"三原色

量的"红、绿、蓝"3种颜色。

为什么三原色或三基色可以调和出各种颜色呢？我们知道光是一种波，可见光的光谱波长在380～780纳米之间。什么是波长呢？$A\sin\omega t$是一个最简单的波函数，其中A称为振幅，ω称为频率，而$2\pi/\omega$就是波长，或者说一个周期的长度。图2显示了振幅为1、波长为2π的正弦与余弦波的图像。频率也称为谱，不同颜色(单色)就是频率不同或者说不同的谱。事实上，我们通常看到的颜色(调和色)是不同光谱的组合。如图3所示各种光的谱函数，自变量是波长$2\pi/\omega_j$，高度是振幅，也就是说，一束光可以写成$\sum A_j\sin\omega_j t$，或者$\int_a^b A(\omega)e^{-i\omega t}d\omega$。不同颜色的光谱曲线(谱函数)是不同的。我们看到的颜色是各种颜色的总和(调和色)。用数学的语言来描述就是谱函数(针对某频率的振幅函数)$A(\omega)$的傅立叶变换$\int_a^b A(\omega)e^{-i\omega t}d\omega$。所以，要精确表现某种颜色，就要精确表现谱函数$A(\omega)$。但是，要精确描述谱函数(见图3)是非常困难的，这需要极大的存储量。所谓的三原色或者三基色，就是利用三原色$A(\omega_R) A(\omega_Y) A(\omega_B)$或三基

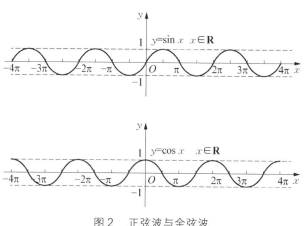

图2　正弦波与余弦波

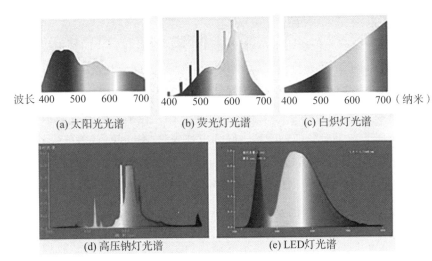

图 3　各种光的谱函数

色 $A(\omega_R)\, A(\omega_G)\, A(\omega_B)$ 的值来近似描述、拟合、逼近谱函数 $A(\omega)$。

事实上，很多科学问题最后都会归结为这样的数学问题。数学经常将描述世界的问题转化为描述函数的问题，进一步地又转化为用简单函数描述复杂函数的问题。在数学上，这叫做逼近论（Approximation Theory）。大家记得积分时用的黎曼和方法，要求由函数 $A(\omega)$ 下面定义的面积，我们可以近似地将需求积分的区间分成一些小区间（譬如利用三基色 RGB 的 3 个区间），然后在每个区间上将函数曲线用高度为 $A(\omega_R)\, A(\omega_G)\, A(\omega_B)$ 的矩形代替。那是用 3 段常数函数模拟函数 $A(\omega)$。当然，把 380～780 纳米的区间分成 3 段，只用 3 段常数来模拟谱曲线有点粗糙。

另一种逼近的简单办法是插值。例如，我们可以近似地将谱函数看成一个二次多项式函数，用一个二次多项式函数对数据 $A(\omega_R)\, A(\omega_G)\, A(\omega_B)$ 进行插值或者拟合。这样我们就可以近似地计算出上述傅立叶积分。现在我们知道，用三原色或者更多的七彩调和，并不能表现任何颜色，但是，可以逼近或者模拟给定的颜色。

在数学上这被称为数值积分问题,可能在大学一年级就会学到矩形法、梯形法、辛普森(Simpson)方法等。

容易注意到,如果我们用七彩就可以比用三原色得到更好的逼近,用 12 彩就可以比用七彩得到更好的逼近。我小时候拿到的只有七彩画笔,现在已经有 12 彩、24 彩、32 彩,甚至更多彩的画笔。总而言之,你拿到的颜色笔越多,你也就可以画出更多的调和颜色、更漂亮的图画。数值积分的采样点越多,就可以得到更好的逼近。这就提示我们在相同的像素(矩阵的大小)下,如果用更多的矩阵(如 7 个矩阵对应七彩),就可以表现更加漂亮的色彩。

不知道大家注意没有,我感觉小时候那些波长较大(浅色)的画笔使用较多,最后剩下的总是那些波长较小(深色)的画笔。这就导出我们要用"RYB"作为三原色的原因。在 7 支彩笔中选 3 支,你要在波长长的笔中选两支,在波长短的笔中选一支就行了。对于大多数我们能分辨的颜色,其差别主要体现在"RG"附近,而不是在"GB"附近。在数学上,这就是数值积分的采样点的配置问题。著名的有高斯积分的配点法,称为数值积分的高斯点。

在中学里要画曲线时,通常我们会先找到曲线的几个特殊点——那些走到最高开始下降的以及掉到最低开始上升的点(导数为零的点),然后就容易画出曲线的基本样子。如果我们还可以知道曲线上凸与下凸的分界点(两次导数为零的点),那么,我们就可以画出更加准确的曲线。

对于谱曲线,如果我们也可以找到这条曲线的那些特殊点,用这样的点作为采样点,也就有办法更好地逼近(描述)谱曲线(见参考文献[1])。

首先,我们来看一个简单的问题,假设谱的分布是一条简单的直线。谱曲线可以写成:$A_1 \dfrac{\omega_2 - \omega}{\omega_2 - \omega_1} + A_2 \dfrac{\omega - \omega_1}{\omega_2 - \omega_1}$。对于三原色或者三基色甚至是 $n+1$ 种单色,我们就可以用 n 次多项式表示谱曲线。

如果真正的谱曲线可以用 n 次多项式曲线逼近，那么，可以近似地写成 $A(\omega) \approx \sum A_j \binom{n}{j} \left(\dfrac{\omega - \omega_0}{\omega_n - \omega_0}\right)^j \left(\dfrac{\omega_n - \omega}{\omega_n - \omega_0}\right)^{n-j}$，这叫做函数的伯恩斯坦(Beinstein)逼近。这样，如果你有更多的单色笔或者颜料，你就可以调和出更好、更广泛的调和色。

在很多实际情形中，我们采集不到光谱上某单色 ω 的 $A(\omega)$（画画时手中的彩笔或者颜料也不可能是纯单色的），同时，如果我们有某种方法可以采集到一些调和（复合）色（或者需要用一些调和色的颜料来画画），怎么处理这样的问题呢？

由于计算机的使用，其显示还是三基色 $A(\omega_R) A(\omega_G) A(\omega_B)$，如果手上的调和色是 $B_j = (A_j(\omega_R)\ A_j(\omega_G)\ A_j(\omega_B))$，那么，就导出一个表示公式 $A = \sum \mu_j B_j$，μ_j 表示 B_j 的用量，A 表示应该画上去的颜色。归结为数学问题，这是一个线性方程组的求解问题。只要 B_j 的个数等于3，并且线性无关，那么就有解，而且是唯一解。如果 B_j 的秩小于3，那就不能表示所有的 A（这表示你手中的3支笔，其中一支是其他两支混合而成）。如果 B_j 的个数大于3且秩为3，那么就会有多解。这就导出一个问题，我们应该取哪个解呢？例如，我们可以取价钱比较便宜的颜色组合，也可以取存量还比较大的颜色组合，以及一系列进一步的优化组合。

从谱函数的角度看 B_j 的谱已经是一条曲线，上面的调和色的组合称为线性组合，也就是说，是简单的叠加。如果谱曲线是伯恩斯坦逼近，对于三基色是一条两次多项式曲线，那么，线性组合还是二次多项式，本质上还是由3个自由变量产生的自由度构成。

由于光的干涉、散射等物理原因，一些实验指出（理论上也可以解释）：调和色的叠加，其谱曲线不是简单地加起来，更可能（更好的逼近）是一个关于 B_j 谱曲线的一个二次多项式，即 $A = \sum \mu_j B_j + \sum \tau_{jk} B_j * B_k$。这个公式在谱空间就表现为 $A(\omega) = \sum \mu_j B_j(\omega) +$

$\sum \tau_{jk} B_j(\omega) B_k(\omega)$,这时就不是一个二次多项式,而是一个四次多项式。这就让我们可以画出更好、更美的图画。

什么叫单色？如果我们用一个三棱镜分离白光(太阳光,见图4),就得到一段彩虹状的彩条。某种单色(如红色)用上面的傅立叶表示,就是 $e^{i\omega_R t}$ 在图 4 上显示的只是一条宽度为零的线,即看不见的。我们总要留一条有宽度的缝,才能看见某种颜色。如图 4 所示,在两种颜色之间,如黄绿,并没有严格的分界线,是一个渐变过程。或者说七彩只是我们的简单划分,事实上有无限种单色。任何我们可以表示的颜色都是调和色。例如,我们可以拿两张纸留一条缝(照相机的卷帘式快门就是这个原理),把图 4 盖起来,只留下红色附近的那些色彩,把它都叫做红色,其傅立叶表示为 $\int_{[\omega-\omega_R]<\sigma} e^{-i\omega t} d\omega$,而 σ 是纸缝的宽度(或者叫做采集通道的宽度),σ 越小,颜色越纯。这是用特征函数($\chi\left(\dfrac{\omega-\omega_j}{\sigma}\right)$—,小段上为 —,其他地方为零)进行的颜色提纯,也就是上面用 3 段常数函数模拟谱函数。考虑散射因素,我们的红色一般是 $\int_a^b e^{-(\omega-\omega_R)^2/\sigma^2} e^{-i\omega t} d\omega$,$\sigma^2$ 越小,颜色越纯。这是用高斯函数进行的颜色提纯,σ 也可以称为采集通道

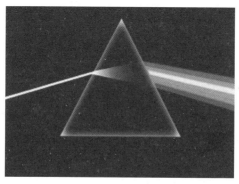

图 4　用三棱镜分离太阳光

的宽度。要介绍的是$(1-\omega^2)_+ = (1-\omega)(1+\omega)$这个函数的拉伸压缩平移$(1-c^2(\omega-\omega_0)^2)_+$,这也在$\omega_0$附近进行了颜色提纯,并且是一个表达简单或者说构造简单的颜色提纯器。

回到数学问题。如果有一种颜色,在傅立叶变换下,它表现为$A(\omega)$,我们可以采集$A(\omega_j)$,那么,我们就可以用矩形法或梯形法来模拟$A(\omega)$,这是最为简单的颜色调和方法。如果采集的不是单色,是$\int_a^b e^{-(\omega-\omega_j)^2/\sigma^2} e^{-i\omega t} d\omega$,用待定系数法,存在唯一的一个二次多项式$P(\omega)$,使得$A(\omega)e^{-\frac{(\omega-\omega_j)^2}{\sigma^2}} = P_2(\omega)e^{-\frac{(\omega-\omega_j)^2}{\sigma^2}}$,这称为泛函数据的插值。

如果我们在采集数据时把采集通道加宽,还可以同时采集到$\int_a^b e^{-(\omega-\omega_j)^2/4\sigma^2} e^{-i\omega t} d\omega$的数据,那么,你就采集到在三基色附近的6个数据,而不只是简单的3个数据。当然,你还可以采集譬如$\int_a^b e^{-(\omega-\omega_j)^2/9\sigma^2} e^{-i\omega t} d\omega$的数据,那么,你就可以得到9个数据。也就是说,你得到了数据$A_{jk} = A(\omega)e^{-\frac{(\omega-\omega_j)^2}{k^2\sigma^2}}$。容易证明$e^{-\frac{(\omega-\omega_j)^2}{k^2\sigma^2}}$是线性无关的。所以,还是用待定系数法,有唯一的一个$(9-1)$次多项式$P_8(\omega)$,满足$A_{jk} = A(\omega)e^{-\frac{(\omega-\omega_j)^2}{k^2\sigma^2}} = P_8(\omega)e^{-\frac{(\omega-\omega_j)^2}{k^2\sigma^2}}$。现在的这个八次多项式$P_8(\omega)$比那个只利用3个数据得到的二次多项式$P_2(\omega)$插值了色谱函数$A(\omega)$更多的泛函数据,当然也就更好地模拟了$A(\omega)$。

有了一个理论证明的好的数学模型后,讨论它的可实现性十分重要。对于上面的模型,我们可以在镜头后面先对图像进行卷帘式快门的列扫描,后面装上一个三棱镜,将列上的每一个点展成一行光谱函数,然后再装上一个多裂缝快门进行列扫描,这个快门采集的是列上每一个点的颜色光谱数据。只要控制快门的宽度σ以及采集时间，我们就可以采集得到上面的 $A_{jk} = A(\omega)e^{-\frac{(\omega-\omega_j)^2}{k^2\sigma^2}}$，或者 $A_{jk} = A(\omega) \mathrm{\wr\wr} \left(\frac{\omega-\omega_j}{k\sigma}\right)$。

参考文献

[1] B. Yang, B. Wang, Z. M. Wu. Nonlinear Hyperspectral unmixing based on geometric characteristics of bilinear mixture models. *IEEE Transactions on Geoscience and Remote Sensing*, 2018, 56(2): 694-714

复旦大学数学科学学院　吴宗敏

新型冠状病毒的传播与数学的思考

数据挖掘就是从不确定的甚至是虚假的数据中挖掘出真相

大家都在讨论新型冠状病毒的传播规律及机制，大多数人采用的是比较宏观的形象思维的方法，就是抓住几个大的影响因子事件，讨论其影响的大小、深远及其叠加。这当然属于一种科学的方法。而且形象思维的方法也是可以数学精确化的，但要取决于你对重大突发事件规模的把控与掌握。因为任何事件的走向，形象地说就像个树杈，你如果可以知道每个新的支叉生长点的位置与生长方向，那么，你就可以准确地描述这个树杈。另一种就比较偏向于微观逻辑思维，也就是看前面走过的路，来判断后面可能的走向。还是回到树杈，数学一般会引进导数。这又要分几种，一种就是用前面很短的一段路程的走向来判断以后的路，一般很难推断以后新分叉的时间节点在哪里。另一种是已经看见几个叉折点，根据前面的折向规律，分析以后什么时候会产生新的叉折点、折向何处。

数学，首先要讲理由，即以什么理由来这样做预测。如果理由不合理，即使结果对了，那也只是算命，不是科学。而数据挖掘就是从不确定的甚至是虚假的数据中挖掘出真相来。下面就从最简单的讲起。

刚开始时，数据很少或者人们不愿意看一大堆数据，更喜欢看特征：有意义的单个或几个数据。当本篇文章一开始在公众号发表时,就有人来问,你没有给出预测结果。因为他们更喜欢看譬如最大值是多少之类直接的结果。但是,刚开始时套用一个模型去预测是非常危险的,或者说估计错的可能性是非常大的。数学科学应该保持有多少把握讲多少话的原则,而且要讲出道理来。

还有一个大问题,不仅样本数据少,还可能不准确。数学认为:错误的数据也是数据！数学就是要从不确定的、不准确的数据中获取真实的描述或部分描述。

回顾我们在高中甚至初中时画曲线的方法,我们通常先会找一些特征点,如最大值和最小值点、单调上升和下降段、上凸和下凸段等。先不着急估计函数值,可以先对变化曲线的特征进行分析。这些称为曲线的特征点是导数、二阶导数及其他微分算子作用后函数的零点。我们知道 $f(t)$ 与 $af(t)$ 甚至 $af(t)+bt+c$,它们的二阶导数的零点位置是相同的。你可以把真实数据打折,但掩盖不了二阶导数为零的位置。假如获得的数据 $f(t)$ 是不可信的,你可以拿 $100f(t)+30t+3\,000$ 来计算拐点,得到的拐点位置还是相同的。数学就是要设计这样的算法,而自动地排除人为干扰,通常数学的方法要求仿射不变。我们知道了 $100f(t)$ 求导后等于零的位置,也就得到了 $f(t)$ 求导后等于零的位置,或者说得到了 $f(t)$ 达到最大值的时间点。虽然我们还没有办法求得最大值的大小,但可以知道什么时候达到最大值。这给在什么时间点采取什么样的控制手段、在什么时间点可以重启经济等政策发布给出指导性的科学依据。

例如,数据点基本落在一条直线,做它的平均值的意义在于:在区间中间点上的函数值比较接近平均值,但曲线肯定不是就等于这个平均值。我们还要去求导数的平均值,然后通过中间点上的函数值,以导数的平均值画一条直线。这条直线才能比较好地反映样本数据。

第一步当然还是数据的采集。关于采样方法一般分为两个部分:一是现场采样,需要深入现场,及时、准确地采样。这是统计学的一个重要组成部分。例如,对新型冠状病毒,从传染病角度,我们不仅要知道患者人数,更多的现场统计人员是在了解,这个患者是在哪里被传染上的?要追踪传染源、追踪零号患者。在被传染患病到确诊期间还去过哪里?可能传染了其他什么人?这是一个非常繁琐、复杂的工作。当然,还有检测手段的不完备、数据采集的时间花费等。我们拿到的数据都是不准确的。数学要做的是后期的分析工作,在带有不准确的数据中找出准确的结论、提取准确的特征。当然你也可以参与采样DIY。数学上我们要求随机采样,也就是说,要在样本空间随机地采样。例如,对于患者人数,你可以随机地打电话,询问他们的家庭、单位、邻居是否有人患病,多打几个这样的电话,就可以获得一个采样数据。当样本数据还是非常少时,人们没有别的方法,通常采用比例原则或者线性模型。我们用一些例子来讲解。

1. 比例原则

武汉封城后,某天。数据显示武汉有1 400万人,被封900万人,一段时间内新增约2 000人患病,外出约500万人,该段时间内武汉外新增约4 000人患病。

有人就导出结果:根据比例原则,武汉数据造假。500万人的传染得病数比900万中的传染得病数还多,比率不对,不符合比例原则。

这种说法对吗?这个算法的思想基于比例原则,是假设在武汉时有一个得病比例,然后,500万人向外传,900万人内部传,传播的比例是相同的。

这样的假设显然是错的!外出的500万人肯定流动性更强,或者说传染率更大。根据当时的数据,外部传的比例与内部传的比例约为1∶4。也就是说,在内部如果一个患者在一定时间内传染1个人的话,在外部要传染4人。1∶4的比例还是相当可信的。随着时间的推移,这个比例还会扩大。因为内部变得更多的会是患者传患者,而外部对病毒来说有更好的生存发展空间。

想一想，一个仓库有 100 麻袋大米，每袋 14 千克，其中一袋发霉了，假设发霉率是 $A\%$。有人看见了，用塑料袋把它包起来，可是原来的麻袋破了，只包起 9 千克，另外 5 千克撒落到其他麻袋中。以后哪些米更会成为霉菌的传播者？毫无疑义，是散落在外的那些大米。讲一个极端的例子，当初 $A=100$，就是 14 千克大米全坏了，那么，包起来的 9 千克大米已经全部霉变，包起来以后就没有好米可以再传播，而散落在外的霉大米还可以传播更多的好大米。开始假设的那个 A 越大，这个现象越明显。

另外一个结论是根据日本撤侨人数得来。如果日本撤侨约 200 人，其中约 10 人患病，所以，武汉内部 900 万人，推断约有 40 万人到 50 万人患病。这又是一个"以点带面"的典型。我们要问一下：

（1）以飞机为单位，离开武汉的其他飞机上患者的数据是怎样的？

（2）以日本侨民为单位，武汉共有多少日本侨民？在武汉有与传播史密切相关的中日友好医院，因此，在撤离的日本侨民中，有很大可能会有与患者直接接触或间接接触的人员。你不能从一架飞机上的患病比例来代替所有飞机上的患病比例。不能从一个患病家庭中的患病比率来推断他居住的小区的患病比例，也不能用一个小区的患病比例来推断整个武汉的患病比率乃至全国的患病比例。你不能根据一个三口之家有一人得病，就推断全世界有 1/3 的人得病，对吧？

对于大多数人来说，可能都不想看或者看不懂那些曲线，这就回到关注重要事件点。

（1）死亡人数与治愈人数出现交叉，表示对疾病严重程度的描述。当然那只是表示这种疾病的恶性程度，并不表示新增病例会增加还是减少。

（2）传播率从小变大而保持平稳，可能表示这是最大的传播率节点，同时表示接下来的传播率会以很大概率下降。当然，这时可能也是传播率最大的时候。

2. 几何传播

数据多了些,有几天的数据,人们就可以比较前后的数据变化,也就是说,我们有了一个与时间相关的函数 $f(t)$。根据传播率的概念,应该有 $f(t+1)=cf(t)$,其中 c 称为传播率。公布数据较早就宣布了,估计 $c < 2.3$,比非典的 3 要小。可是,还是有不少人在报道,c 连续地显示为 2.1 左右,给人们的印象是永远这么 2.1 下去。这不能算谣言,但将其定性成误导显然是合理的。

从这个模型导出 $f(j+1) = cf(j)$,从而可以得到 $f(j) = f(0)c^j$。这就是几何模型,其中的概念是将 c 作为常数估计,但 c 肯定是变系数的。

如果传播率 c 是常数,那么,第一个患者是从哪里来的?几何增长的速度是非常快的,网上有大量这样的模型出现,我一般会问一句,你的模型半年后的数据是什么?如果得到的患者数大大地超过武汉的人口数甚至地球总人口的人数,那显然是错误的!所以,几何增长既不能描述这个病从哪里来,也不能描述这个病会到哪里去,它是一个非常粗糙的模型,实在太粗糙了。

传播率一定是变化的,数学上叫做变系数,一定是从零开始逐渐变大,达到高峰后逐渐变小,最终归零。也就是说,c 应该写成 $c(t)$,是与时间有关的。早期公布的数字 $c(t)$ 小于 2.3 还是非常合理的,而且是非常有预见性的。当看到 c 持续地在 2.1 处徘徊,那不是可怕的事情,反而应该是一件非常值得高兴的事情,这表示它可能已经到达最高点,不大可能再会升高。

3. 牛顿模型

有些模型考虑得更加深刻一些,加入克服病毒的阻力(采取防控措施:患者被隔离,没病的人自我隔离,如各地的封村、封小区),发展的速度越大,传播的阻力也越大。与物体下落一样,可以得到如下模型:

力（加速度）等于常数减去速度的倍数，$a = g - cv$。

这个模型会发生动力与阻力的平衡，达到一个终极速度或最大速度，也就是现在国际上有些国家采取的群体免疫政策的理论基础。列出方程 $f(t)$ 的两阶导数是某常数减去 $f(t)$ 导数项。也就是说，患者数的发展越大，那没受感染的人越少，从而感染别人的机会就越少。碰到的人已经感染了，从而新增的病例会越少。这样可以画出一条渐近线，患者数达到某值就不会再增加，这显然是更为进步的模型。最早牛顿就考虑了这个问题（见图1）。由于空气的阻力，物体的下落不是自由落体，而会有个终极速度。一个人从飞机上跳下来与他从 10 层楼上跳下来碰到地面时，摔死的可能性相同。

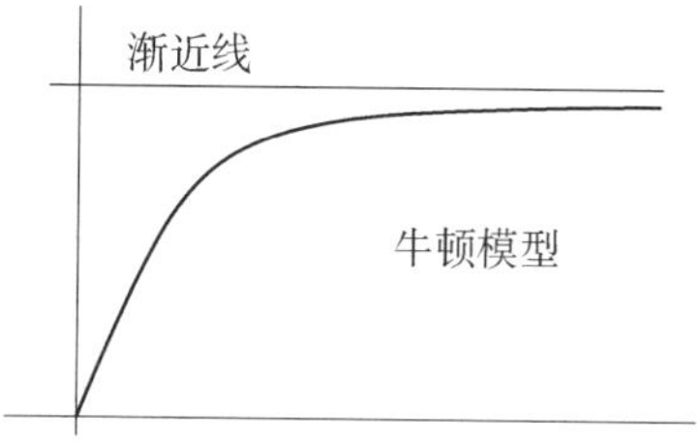

不过这还不够！

那些模型设计者说，那是牛顿的思想，已经从趋于无穷大变成趋于常数，你还说不够？

是的！不够！患者不可能一直保持某常数，简单地回怼是：你难道还不让那些患者百年以后老死？患者人数一定是一个产生、发展、减弱、消亡的过程。任何事物都是这样的生长、消亡过程，不可能保持常数。

图 1　牛顿模型

4. 高斯模型、泊松模型或 Beta 模型

患者人数曲线一定像一座山，可能有几个"山头"构成，简化以后可以看成一个"山头"类似高斯函数的形式，当然可以更为简单地写成：一个常数 A 乘以 t 的平方再乘以 $(T-t)$ 的平方，其中 T 为病疫终止点。高斯分布是对称的，即病情的发展与病情的减弱是对称的。泊松更为仔细地研究了这个问题，他是从顾客排队的长度入手研究相似的问题。他认为患者人数应该可以写成常数 A 乘以 t

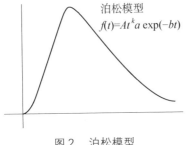

图2 泊松模型

的 k 次方,再乘以 $\exp(-bt)$。也可以简化成 Beta 分布,常数 A 乘以 t 的 k 次方,再乘以 $(T-t)$ 的 l 次方。也就是说,"那座山"可能不是对称的,可能偏向一边。

人们可以取不同的系数、次数来画出不同的曲线,用以拟合已知的数据,从而分析发展的可能性,找出"那座山"的方向、偏向度,更为重要的是知道"那座山"究竟有多大。

5. 泊松及泊松模型的叠加

概率论里最重要的模型,除了高斯的正态分布,就应该是泊松分布。每个重大事件形成的影响,单独来看都是泊松分布,一定是一个产生、发展、衰落、消亡的过程:

$$f(t) = At^a \exp(-bt),$$

简单地说,是一个一个"山峰"的组合,每个"山峰"都是一个泊松分布。大尺度地粗看、远看,是一座"山脉",是一个泊松分布;小尺度地仔细看,是一些"山峰",是许多泊松分布的叠加(见图3),就好比

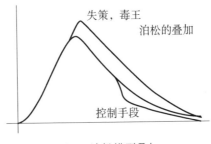

图3 泊松模型叠加

喜马拉雅山＝珠穆朗玛峰＋西夏邦马峰＋干城章嘉峰＋……。

6. 传染病微分方程模型

微分方程模型也称动力系统模型，即所谓抓住主要矛盾与主要矛盾方面的微分方程关系。根据病毒的发展力度、反病毒的措施时间力度，列出微分方程，模拟病毒的发展过程。这类方程通常是与时俱进的。例如，有了封城的决定，实施封城动作的时间点、间隔等，都会对后续发展产生极大的影响。对这类动力学模型感兴趣的话，可以在网上看到许多，建议也去查查"myth or reality"，其中对这类动力学思想有一个更高思想水平的分析。

对于新型冠状病毒的预测，这是一个概率估计问题，给出的任何答案都应该有一个置信区间，也就是以多大的把握可以相信这个答案。如果一个研究结果告诉我，3 天后的患病人数是多少多少，我一般是不会看的。因为你都没有告诉我，我可以以多大的程度相信你，这就是置信度。至少你要告诉我，你自己有多大的把握给出这些结论，而且不是这样发展的概率一定是存在的。这称为小概率事件，也就是不大会发生的事件，但它还是可能会发生的。在学习概率论的时候，老师曾说过，小概率事件一定会发生。例如，扔骰子时不扔出"6"就给你台面上的钱翻倍，但你至少扔 6 次，只要一次是"6"，你就得把台面上的钱翻倍还给我。再想一下，如果你至少要玩 10 次，又会是什么结果？那你输的概率就非常大了。

7. 学习、深度学习模型

上述微分方程动力系统的方法，一般解空间或解的表达形式可以与牛顿模型中的方法建立对应。比较困难的是：究竟哪些项是主要矛盾与主要矛盾方面？学习，则是从数据出发学习得到，哪些是关键、重要的项？什么是这些项之间的关系？

8. 方法的融合、叠加与创新

在上述方法中，都是假设过程曲线是一个"山头"。事实上，一个新的措施、一个新的药品或者一个毒王,都会极大地改变曲线的走向,呈现"多山头"的现象。一般要采用多种方法的融合叠加,但可不一定是线性叠加哦!在这里就有许多期待创新的想法。

复旦大学数学科学学院　吴宗敏

因果溯源
数学物理反问题的研究

一、什么是反问题？

数学物理问题中，正问题（forward problem）和反问题（inverse problem）总是成对出现的。选取哪一个称为正问题，并将另一个称为反问题，严格来说其实是任意的。例如，我们在学习乘法时就会遇到两类问题。一是给定两个自然数，求它们之积，这可以被称为**乘法正问题**。而另一个问题是将这个自然数分解为一对自然数，被称为**因子分解（反）问题**。可以看到，两数相乘的正问题只会得到一个结果，但因子分解问题则可能得到不止一个结果，即解并不唯一。对这个反问题解的唯一性研究最终将会把我们引向素数这类特殊的数，以及数论这个重要的数学分支上。由此产生的相关数学研究也大量应用在密码学、工程学和生物学上，奇妙的数学展现在我们面前。

在科学中，我们通常用**输入**、**过程**和**输出**三要素来描述一个问题。有的时候也相应地称为**原因**、**模型**和**结果**。这样，若我们将输入用符号 x 表示，过程用符号 K 表示，输出用符号 y 表示，那么，正问题就是已知 x 和 K，去找出 Kx 的值 y，即可以形式化地如图 1 所示。

对应前面所说的乘法正问题，当输入是 2 和 3 时，两数相乘的结果就是 6（见图 2）。

图 1　三要素示意图　　　　图 2　输入 2 和 3 时的结果

其实可以很清楚地看到,正问题只是全部问题的 1/3。**每个正问题都能立刻提出两个反问题**。其一是**原因问题**,又称为**反源问题**:给定模型 K 和结果 y,要找出得到这个结果的原因 x。 此类反问题可用图 3 刻画。

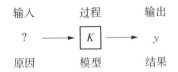

图 3　图 1 所示问题的一类反问题——原因问题

对应前面所说的因子分解反问题,当输出是 6 时,分解的结果是 $\{2,3\}$ 或者 $\{1,6\}$,如图 4 所示。结果并不唯一,但是,当要求分解得到的都是素数时,结果只能是 $\{2,3\}$ 这一个。

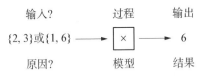

图 4　图 2 所示问题的一类反问题

假设过程(模型)是可逆时,输入(原因)和输出(结果)可以互换,这时 K 的原因问题就变成了正问题。当然,我们一般假设正问题中的过程(模型)不是可逆的,或者我们按照历史上出现的先后次序来确定正问题。例如,历史上乘法是先出现的,而且乘法过程不是唯一可逆的,因此,我们认为乘法是正问题,因子分解是反问题。

正问题提出的另一反问题是**模型辨识**问题：给定输入和输出（原因和结果）的信息去确定过程（模型）。此类反问题可用图 5 刻画。

图 5　另一类反问题——模型辨识问题

也就是说，当给定输入是 {2, 3}、输出是 6 时，加减乘除四则运算中哪一种能将两者联系起来，如图 6 所示。这里的答案当然只有乘法。但是，我们玩"巧算 24 点"扑克牌游戏时，在去掉大王、小王的 52 张牌中任抽 4 张，看如何通过加减乘除四则运算将 4 张牌的点数（J、Q 和 K 的点数规定为 11、12 和 13）最快算出 24。可以知道，同样 4 张牌算出 24 点时用到的四则运算其实也不唯一。

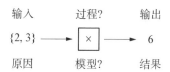

图 6　给定输入、输出时，如何确定过程

传统的自然科学强调正问题：给定原因以及描述由原因演变为结果的模型，从而寻找结果。在这种模式中，思路是直接的，面向将来或者外向的。大部分问题是已知了内部原因，再去预测或决定外部特征。然而科学和技术的巨大发展已使解决反问题成为可能。这类问题包括通过非直接的观察或测量来决定物理规律；从边缘的测量来确定不可接触区域中的性质；从对现在状态的观察来重构过去发生的事件等诸多问题。这些问题的思路是非直接的，面向过去或者内省的。这类问题对应的科学技术往往被冠以**非破坏性评估**或无损检测。

我们身边最典型的**无损检测**的例子大概就是**听声挑瓜**了。在不切开西瓜的情况下,怎么能挑到好的西瓜呢？99.9%的吃瓜群众都会说：拍几下,听一听。敲击时声音太过空洞的西瓜不能买,因为它可能快要变沙,敲击时声音太闷的也不能买,说明它已经很沙了。确定拍瓜声音和西瓜好坏的关系,这就是一个模型辨识问题。这个关系模型可以是有物理意义的：西瓜的好坏决定了振动的固有频率,而这个频率又决定了拍瓜发出的声音。也可以基于大量的实验数据,通过机器学习乃至深度学习算法,直接建立拍瓜声音和西瓜好坏的大数据分类模型。

无论正问题或者是反问题,都有一个**解的适定性**问题。根据法国数学家阿达马(Jacques Solomon Hadamard,1865—1963)在1923年提出的定义,同时满足如下3个条件的问题,称为是**适定的**(well-posed)：

(1) **存在性**：问题的解是存在的；

(2) **唯一性**：问题的解是唯一的；

(3) **稳定性**：当已知数据含有微小变动时,结果的变动也是微小的。

否则是**不适定的**(ill-posed)。在我们前述的反问题例子中,很多解并不唯一,即是不适定的问题。在实际中,**反问题往往是不适定问题**。因此,多数反问题的求解是非常具有挑战性的,需要一些创新的思路和方法。

二、简单但不平凡的反问题

反问题对于自然科学的发展起着巨大的影响作用,要洞察反问题的内在性质和方法实质,最好的方法是考察若干反问题的实例。下面就给出一些反问题的例子,可以发现,这些例子虽然简单,但改变了我们思考世界的方法,拓展得到很多具有重要实用意义的科学技术。

1. 回声探井深

这个问题是著名科学家牛顿在他的著作《普通算术》(*Universal Arithmetick*)中提出来的。

一块石头掉进井里,从石头碰到井底的声音来确定井的深度。

首先,我们确定正、反问题如下:

正问题　计算听到石头的回声需要的时间 T(秒);

反问题　从回声时间确定井的深度 d(米)。

对于正问题,可以分解 T 为 $T_1 + T_2$,T_1 为石头自由落体到井底所需的时间,T_2 为石头碰到井底发出的声音传到地面所需的时间,单位都是秒。它们分别由下面的算式确定:

$$\begin{cases} T_1 = \sqrt{\dfrac{2d}{g}} \Leftarrow \text{自由落体法则}: d = \dfrac{1}{2} g T_1^2, \\ T_2 = \dfrac{d}{c}。 \end{cases}$$

其中 c 为空气中的声速,一般为 340 米/秒;g 为重力加速度,一般取 9.8 米/秒^2。这样就得到由井的深度 d 确定回声时间 T 的算式:

$$T = \sqrt{\dfrac{2d}{g}} + \dfrac{d}{c}。$$

两边取平方,然后整理得到

$$d^2 - s\left(cT + \dfrac{c^2}{g}\right)d + c^2 T^2 = 0。$$

这是关于井深 d 的一元二次方程,原则上解并不一定唯一。但是,考虑 $cT > cT_2 = d$,我们就只有下面这一个关于 d 的解:

$$d = cT - \left(\sqrt{\dfrac{2c^3 T}{g} + \dfrac{c^4}{g^2}} - \dfrac{c^2}{g}\right),$$

即我们得到了由回声时间 T 确定井的深度 d 的算式。

从这个问题拓展开来,其实可以得到科学中最重要的反问题之一的**散射问题**(scattering problem)。它的一般形式是很容易解释的:某种类型的信号发射后碰到一个物体(散射体)产生反射(散射),散射信号就包含散射体的性质,如何从采集到的散射信号中来推断散射体的某些特性。这类问题最常见的应用就包括雷达、声纳以及医学超声波成像。

2. 寻找莱茵河底的魔金

这个例子来源于中世纪德国的民间叙事史诗《尼伯龙根之歌》(*Das Nibelungenlied*)。由这部史诗衍生出的最著名的作品是德国音乐家瓦格纳作曲及编剧的大型歌剧《尼伯龙根的指环》(*Der Ring Des Nibelungen*),同样也是著名电影《魔戒三部曲》的创作灵感来源。传说矮人族 Niebelungen 将一块闪闪发光的魔金藏匿在莱茵河底。如何在河面上发现这块魔金的位置,然后找到它并铸成能统治世界的魔戒,这就是我们的问题。

这个问题的物理背景其实就是大名鼎鼎的**万有引力定律**:两个均匀质点间的相互作用力等于两质点质量乘积的万有引力常数倍,再除以两质点距离的平方。假设河面重力计(gravimeter,可以简单地认为是挂有已知质量重物的弹簧秤,但测定是力)测定用的重物的质量为 1,河底的魔金质量为 m,河深为 1,河面基准点到测量点的距离为 x,基准点到魔金的距离为 s(见图 7),γ 为万有引力常数,则重力计能测得的万有引力的垂直分量 μ 的表达式如下:

$$\mu = \gamma \frac{m}{1+(x-s)^2} \cos\theta,$$

θ 为图 7 中所示的角度。从图 7 中可见

$$\cos\theta = \frac{1}{\sqrt{1+(x-s)^2}}。$$

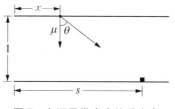

图 7　点源异常产生的垂直力

将此关系代入前式,可得

$$\mu = \gamma m (1+(x-s)^2)^{-3/2}。$$

这样,我们有正、反问题如下:

正问题　由已知的魔金质量 m 和位置 s,得到重力计的测量值 μ;

反问题　由已知的重力计的测量值 μ,反推魔金质量 m 和位置 s。

正问题明显有唯一解,我们就不赘述了。主要对反问题进行分析,我们先改写上述方程,以使问题变得稍微简单一点。定义两个新的变量:

$$M = m^{2/3},\ G = \left(\frac{\mu}{\gamma}\right)^{2/3},$$

我们分别称之为有效质量和有效垂直引力。显然 μ 的测量值唯一确定 G,知道 M 就确定了 m。有了以上定义,易知上述方程等价于

$$M - G = G(x-s)^2。$$

现在反问题变成已知 x 以及金块对 x 处单位质量质点的有效垂直引力 G,如何确定魔金的有效质量 M 和位置 s。我们称数对 (x, G) 为一个观测,因为它由位置 x 处的有效引力 G 的观测值(由 μ 得到)组成。因此,该反问题相当于由观测值 (x, G) 确定 (s, M)(称之为源)。如果源 (s, M) 能唯一确定,那我们不用下水就能够知道那难以触及的魔金的位置与质量。

显然，上面的方程有两个未知量，仅作当次测量并不足以唯一确定源 (s, M)。因此，我们可以考虑在不同位置 x_1, x_2, …，作多次测量，得到相应的有效质量 G_1, G_2, …，这样就可以联立方程组：

$$\begin{cases} M - G_1(x_1 - s) = G_1, \\ M - G_2(x_2 - s) = G_2, \\ \quad\cdots\cdots \end{cases}$$

从而解得 (s, M)。

又或者因为魔金有效质量 M 虽然位置是固定的，但是，通过变形的公式

$$G = M - G(x - s)^2$$

可以发现，当移动重力计至魔金的正上方时，测得的有效垂直引力 G 与其他位置测得的比较都要大，因此，可以先确定出魔金的位置 x，然后再根据公式得到魔金的有效质量 M。

从这个问题拓展开来，其实是反问题的重要应用之一——**地球物理勘探**（geophysical exploration）。我们不光可以利用重力的差异，还可以利用组成地壳的不同岩层介质往往在密度、弹性、导电性、磁性、放射性以及导热性等方面存在的差异，来确定探测地层岩性、地质构造等地质条件，从而找到对国民经济发展有用的矿藏等资源。

三、反问题研究的现在和未来

20世纪80年代初期，在著名数学家冯康先生的大力推动下，国内以李大潜院士、马在田院士、张关泉先生、刘家琦先生和栾文贵先生为代表的老一辈科学家，在地球物理勘探相关反问题上开展了大量的工作。近年来，随着现代科学技术的不断发展，在数值天气预报、材料无损检测、波场逆散射、图像处理和生物医学成像等领域出现了大量的全新的反问题。在美国科学院国家研究理事会最近发表

的咨询报告《2025年的数学科学》中,专门把反问题的研究作为数学科学生命力的一个典型例子,其中特别提到的考尔德伦(Calderón)问题就是一个以生命科学中电阻抗成像为应用背景的反问题。反问题的研究目前已经发展成为应用数学和计算数学的前沿领域,在有效解决很多重要的应用问题的同时,也对数学学科自身的发展起到重要的推动作用。同时,大数据发展带来的机器学习、深度学习等新算法也不断充实和改变着反问题的研究。

反问题研究的世界正变得越来越精彩,时刻欢迎你的加入!

参考文献

[1] C. W. Groetsh 著,程晋,谭永基,刘继军译. 反问题:大学生的科技活动. 清华大学出版社,2006

[2] 刘小平,李泽霞. 2025年的数学科学. 科学出版社,2014

复旦大学数学科学学院 程 晋 江 渝

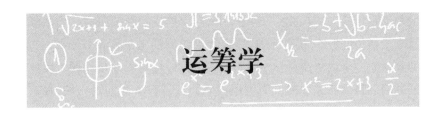

运筹学

一、什么是运筹学？

《史记》是成书于两千多年前的我国第一部纪传体通史，其中的《孙子吴起列传》中有下面一段文字：

> 忌数与齐诸公子驰逐重射。孙子见其马足不甚相远，马有上、中、下辈。于是孙子谓田忌曰："君弟重射，臣能令君胜。"田忌信然之，与王及诸公子逐射千金。及临质，孙子曰："今以君之下驷与彼上驷，取君上驷与彼中驷，取君中驷与彼下驷。"既驰三辈毕，而田忌一不胜而再胜，卒得王千金。

这就是成语"田忌赛马"的由来。齐国大将田忌与齐王赛马，双方各出上、中、下等马一匹进行一对一的比赛，用不同等级马匹比赛3场，赢得场数多的一方获胜。由于相同等级马的实力都是田忌的为弱，而双方均按上、中、下等的顺序遣马出战，每次都以田忌大败而告终。后来，军事家孙膑给田忌出了个主意，悄悄改用下、上、中等的顺序应战。由于上等马总是强于中等马，中等马总是强于下等马，田忌依照此法果然取得了胜利。

"田忌赛马"这个故事是我国古代朴素运筹学思想的典型体现。面对马匹不精、屡屡败北的现状,田忌的策略可以是派人用重金购买良驹。但这样做一来需要花费不少的人力和财力,二来从寻访到运回、再到训练,要耽误很多时间,三来齐王是一国之主,未必能很快找到比齐王更好的马匹。而孙膑出的主意完全立足于田忌现有的资源,不用多花一人一金,只是调换了马匹出场的顺序,就收获了奇效。另一点值得注意的是,第一场比赛田忌用下等马对阵齐王的上等马,当然输得很惨。但孙膑是将 3 场比赛作为一个整体来谋划,不以其中一场的胜负为意。因为最终胜负也是以 3 场比赛中获胜的总场数为依据的。在现有资源条件下作出最优决策,正是运筹学最本质的特征。

　　1935 年,英国物理学家罗伯特·沃特森·瓦特(Robert Watson-Watt)发明了雷达。英国空军在不列颠岛东海岸鲍德西(Bawdsey)建立了研究站,用于测试演练雷达的实战效果。1937—1939 年,英国空军沿海岸建设了多座雷达站,并先后进行了 3 次防空演习,期间发现不同雷达站的信息需要综合,运行需要协调。研究站的负责人罗韦(A. P. Rowe)对演习效果评估后,认为雷达在技术上能有效地探测飞行器,但在运作上尚需改进,随即抽调人员从事被他称为"operational research"的工作。这就是英语中"运筹学"一词最早的由来。稍后在英国空军内成立了名为"运筹部"(Operational Research Section)的正式机构,其任务也逐渐扩大。例如,1940 年 5 月,运筹部的威廉姆斯(E. C. Williams)领衔撰写的报告对丘吉尔放弃派遣 10 个中队的飞机增援法国的计划起了重要作用。1940 年,英国物理学家和运筹学家、1948 年诺贝尔物理学奖得主布莱克特(Patrick Maynard Stuart Blackett, 1897—1974,见图 1)应邀成为空军防空部队的顾问,他的团队由来自数学、物理、心理等专业的 12 名人员组成,对外称作"Blackett 马戏团"(Blackett's Circus)。他们主要研究瞄准雷达的数据处理和防空武器在伦敦周围的布防,他们的工作使得为击毁一枚德军炸弹所需发射的炮弹数减少了 4/5。布莱克特的成功引起美国军方的注意,1942 年,麻省理工学院物理系教授莫尔斯(Philip McCord Morse,1903—1985,见图 2)这位物理学家和运筹学家受命组建一个名为"运筹组"(Operations Research Group)的机构,专门研究反潜作战。他们通过使用更好的搜索算法,让敌方潜艇被击沉的数量增加了 1/5,敌方用于从东南亚运送橡胶 6/7 的船只在南大西洋被截获。

图 1　布莱克特　　　　　图 2　莫尔斯

布莱克特和莫尔斯等人在第二次世界大战中的卓越工作使全世界看到了运筹学的巨大作用。运筹学在"二战"后逐渐成为一个独立学科,并在科技和社会进步的推动下飞速发展。布莱克特和莫尔斯在"二战"后均专门从事运筹学研究,分别成为两国运筹学研究的先驱。一批数学工作者加入运筹学研究队伍,继承和发展了过往散见于各个数学分支的优化问题求解方法,为运筹学发展提供了坚实的理论基础。

运筹学运用数学方法,面向各个领域的具体问题,为在人员、技术等资源和其他约束条件下作出最有效的决策提供科学依据。运筹学的研究内容十分广泛，既有优化问题的数学理论，又有应用问题的建模求解，还有具体案例的分析应对。运筹学主要包括以下 4 个分支：**数学规划**(mathematical programming)，主要研究一个或多个函数在自变量满足一定约束条件下的最大值或最小值问题；**组合优化**(combinational optimization)，主要研究离散对象的优化问题；**随机优化**，主要研究随机环境下的优化问题；**博弈论**(game theory)，主要研究多人在相互依赖环境下的决策问题。鉴于随机优化涉及较多概率论知识，在本文中我们只对其他 3 个分支作一简要概述。对这 3 个分支更详细的介绍可参考拙著(见参考文献[1])。

在本文中，会多次出现**算法**(algorithm)一词。算法是解决问题的一系列步骤的集合。对问题的某个具体的输入，依赖算法机械的、可操作的步骤，经过有限步最终得到正确的输出，即可视作算法求解该问题。数学中有很多方法都可转化为算法。例如，三元一次方程的消元求解法，判断一个整数是否为素数的筛法等。

设计一问题的算法，首先需要能准确求解问题，其次需要关注算法的性能，主要是算法运行的时间。为了避免讨论与硬件有关，这里所说的时间是指算法所作的一些基本运算的次数，加法、乘法、比较、赋值等都可视作基本运算。例如，求 $1^2+2^2+\cdots+n^2$，需要作 n 次乘法和 $n-1$ 次加法，基本运算次数就是 $2n-1$。把算法基本运算次数视作 n 的函数，称为算法的**时间复杂度**(time complexity)。时间复杂度是多项式函数的算法称为**多项式时间算法**。当然，严格说来，时间复杂度不仅与求和的个数有关，也与求和的数的大小有关，这里就不再深究了。

二、数学规划

在中学数学里，经常遇到下面的问题，如求目标函数 $5x+7y$ 在不等式约束

$$\begin{cases} x+y \leqslant 6, \\ 3x+5y \leqslant 23, \\ x \geqslant 0, y \geqslant 0 \end{cases} \tag{1}$$

下的最大值。由于目标函数和不等式都是变量 x 和 y 的一次函数，这样的问题被称为**线性规划**（linear programming）。线性规划是最为基本的一类数学规划。

熟知上述线性规划，可以用图解法求解。但是，如果变量数多于两个，就无法画出直观的图形。而现实中的线性规划通常会有更多的变量，因为需要利用它们去解决复杂的实际问题。例如，一种物资有 3 家工厂 A_1, A_2, A_3 可以生产，供应给两个城市 B_1, B_2。3 家工厂的产量分别为 a_1, a_2, a_3，两个城市的需求量分别为 b_1, b_2。由于是按需生产，可以假设 $a_1+a_2+a_3=b_1+b_2$。已知从工厂 A_i 到城市 B_j 的单位运价是 c_{ij}，$i=1,2,3$，$j=1,2$。现希望给出一种物资调运方案，使得总运输费用最少。这样的问题称为**运输问题**（transportation problem）。

为了解决这一问题，用 x_{ij}，$i=1,2,3$，$j=1,2$ 表示工厂 A_i 生产的物资中运送到城市 B_j 的数量，则总的运输费用为 $c_{11}x_{11}+c_{12}x_{12}+c_{21}x_{21}+c_{22}x_{22}+c_{31}x_{31}+c_{32}x_{32}$。运量 x_{ij} 必须满足一定的条件。例如，每家工厂生产的物资必须全部运送出去，每个城市也必须收到足够数量的物资。另外，x_{ij} 也必须是一个非负值。将这些要求都考虑完全，就可以把这一问题完整地写下来：

$$\begin{aligned} \min \quad & c_{11}x_{11}+c_{12}x_{12}+c_{21}x_{21}+c_{22}x_{22}+c_{31}x_{31}+c_{32}x_{32} \\ \text{s.t.} \quad & x_{11}+x_{12}=a_1, \\ & x_{21}+x_{22}=a_2, \\ & x_{31}+x_{32}=a_3, \\ & x_{11}+x_{21}+x_{31}=b_1, \\ & x_{12}+x_{22}+x_{32}=b_2, \\ & x_{11},x_{12},x_{21},x_{22},x_{31},x_{32} \geqslant 0。 \end{aligned} \tag{2}$$

(2)式即为数学规划的一种规范写法,其中"min"是英文"minimize"的缩写,表明问题(2)是希望目标函数尽可能小。如果希望目标函数尽可能大,则相应地写为"max"。第二行的"s. t."是英文"subject to"的缩写,表明以下列出的均是变量需满足的约束条件。

"二战"时,美国经济学家、1975 年诺贝尔经济学奖得主库普曼斯(Tjalling Charles Koopmans, 1910—1985,见图 3)在美国一个战时临时协调机构(全名为"Combined Shipping Adjustment Board")工作,他不满当时英美双方商船调度工作的低效,建议利用运输问题加以优化。在"二战"后公开发表的论文中,他用一个例子阐明自己的设想。某海运公司在全球 15 个港口有运输业务,其中有 3 个港口抵港货物数量较多,称为"入超港",其他港口离港货物较多,称为"出超港"。因此,公司需将部分空船从入超港调运到出超港。将入超港视作工厂,将出超港视作城市,上述问题即可转化为 3 个工厂、12 个城市的运输问题。库普曼斯设计了能求得该问题最优解的算法。与库普曼斯几乎同时,美国运筹学家康托洛维奇(Leonid Vitaliyevich Kantorovich, 1912—1986,见图 4)也给出了包括运输问题在内的其他一些具体问题的线性规划模型。1975 年,库普曼斯和康托洛维奇因在上述资源的最优分配理论上的贡献而分享诺贝尔经济学奖。

图 3　库普曼斯

图 4　康托洛维奇

图 5　旦茨格

1947 年,苏联数学家和运筹学家、1975 年诺贝尔经济学奖得主旦茨格(George Bernard Dantzig, 1914—2005,见图 5)提出了一般的线性规划模型,并提出了可求解任意线性规划的**单纯形法**(simplex method)。单纯形法简便实用,其中最频繁使用的步骤就是求解多元一次方程组时使用的"高斯消元法"。1984 年,印度年轻数学家纳伦德拉·卡马尔卡(Narendra Karmarkar)又提出了速度更快的多项式时间算法——内点法(interior point method)。利用单纯形法和内点法可求解变量数为几万,甚至几百万的线性规划问题。数学软件的出现大大方便了线性规划的求解,使用 Mathematica 和 Matlab 等软件,只需按规定的格式输入参数,调用内置的函数即可输出最优解,省去自己编写程序的麻烦。近来流行的 Python 和 R 语言也都有求解线性规划的资源。

还有一大类优化问题,变量代表的是人、车等不可分割的对象,因此必须取整数值,这样的数学规划称为整数规划(integer programming)。例如,如果要求(1)中的 x,y 取整数值,用图解法求得的线性规划的最优解 $\left(\dfrac{7}{2},\dfrac{5}{2}\right)$ 就不符合要求(见图 6)。单纯形法并没有解决整数规划的求解问题。1960 年前后,伦敦政治经济学院的两位女数学家 Ailsa H. Land 和 Alison G. Doig 接受英国石油公司

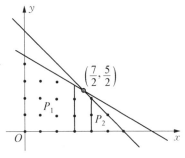

图 6　用图解法求线性规划的最优解

(British Petrolecom)的资助,研究全球范围内的原油从该公司所拥有的油田到炼油厂的调度问题。由于运输成本通常以运输的次数来计算,因此,这一优化问题必然涉及整数变量,这就推动她们寻找可求解一般整数规划的算法。经过不断的尝试,她们成功地设计了后来被称之为**分支定界法**(branch-and-bound,B-B)的算法。

或许读者有体会,在应用图解法求解线性规划时,在可行域的边界上一定可以找到最优解,这一结论可以严格证明。但是,整数规划就不具有这样的性质,例如,(1)添加整数约束后,所有可行解即为原线性规划可行域 P 中的整点。(1)的整数最优解(4,2)就在 P 的内部。为了能用线性规划的求解算法找到这个整数最优解,分支定界法设法迫使它出现在边界上。

注意到在(1)的非整数最优解 $\left(\frac{7}{2},\frac{5}{2}\right)$ 中,x 取非整数值。若要求 x 为整数,则 x 或者不大于3,或者不小于4,而不可能取3与4之间的非整数值。因此,可以在 P 中删去这部分区域。这样(1)的可行域就被分成两部分,其中左边一部分相当于在(1)的约束条件中增加约束 $x \leqslant 3$ 后的可行域,记为 P_1;右边一部分相当于在(1)的约束条件中增加约束 $x \geqslant 4$ 后的可行域,记为 P_2,可以看到(4,2)就在 P_2 的边界上。对以 P_1 和 P_2 为可行域的两个新的线性规划 LP1 和 LP2 分别用图解法求解。即使不考虑变量取整数的限制,LP2 的最优解(4,2)也为整数解,代入可求得最优目标值为34。当然在不知道(4,2)是整数最优解的情况下,还需再求解 LP1,其最优解为 $\left(3,\frac{18}{5}\right)$,最优目标值为 $\frac{173}{5}$。考虑 x,y 为整数时,目标值也一定为整数,因此,P_1 内整点的目标值至多为 $\left\lfloor\frac{173}{5}\right\rfloor=34$。这样,尽管 LP1 的最优解还不是整数解,已经可以判断在 P_1 内不会有比(4,2)更好的解了。以上把 P 分为 P_1 和 P_2 的步骤即为"分支",根据已求得的整数解判断 LP1 中不会有更好的整数解的步骤,即为"定界"。

分支定界法直至现在仍是求解整数规划的最有效方法,一些专门用于求解数学规划的软件,如 LINGO 和 CPLEX 等也采用了分支定界法。但是,即使利用计算机和数学软件,能求解的整数规划的规模也是非常有限的,这与线性规划有很大的不同,其原因将在下一节说明。

三、组合优化

有 4 个小镇,所处位置如图 7(a)所示,现通过建造公路将这些小镇连接起来,如何设计才能使公路长度最短?如果限定公路必须取直,问题可抽象为下面的数学问题:用直线段将边长为 1 的正方形的 4 个顶点连接起来,如何才能使连接线段的长度最短?

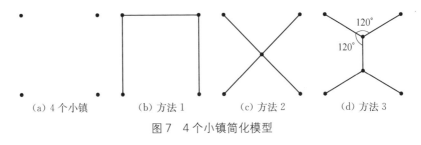

(a) 4 个小镇　　　(b) 方法 1　　　(c) 方法 2　　　(d) 方法 3

图 7　4 个小镇简化模型

有同学会不假思索地作出图 7(b)这样的线路,连接线的总长度为 3。再开阔一下思路,问题只要求用线段连接 4 个点,并没有限制不能在图中增加新的点。显然,图 7(c)所示的线路增加了一个联络点,连接线的总长度为 $2\sqrt{2}<3$。事实上,还有图 7(d)那样增加两个联络点使总长度更短的路线。通过解三角形可得连接线总长度为

$$4\times\frac{\sqrt{3}}{3}+\left(1-2\times\frac{\sqrt{3}}{6}\right)=1+\sqrt{3}<2\sqrt{2}。$$

可以证明,即使增加更多的联络点,也不会得到比图 7(d)总长度更

短的路线。当然,在有些应用背景下,不允许增加新的点。此时,图 7(b)确实是总长度最短的路线。

在允许或不允许增加点的前提下,用线段将平面上的 n 个点连接起来,使得连接线段总长度最小的问题是组合优化中的两个著名问题。如果不允许增加点,相应的问题称为**最小生成树**(Minimum Spanning Tree)。第一次世界大战束后,捷克一家电力公司(全名为"West-Morarian Power Plants")的一位技术人员向捷克数学家 Otakar Borůvka(1899—1995,见图 8)咨询,该公司正在进行摩拉维亚西南部地区的电力建设,希望寻找一种架设电网的方案,使每个城镇均能通电,且建设成本最小。Borůvka 将该问题建模为最小生成树问题,并给出相应的算法,这是该问题的最早研究。允许增加点的问题历史更为悠久。德国数学家高斯(见图 9)就研究过汉堡、不来梅、汉诺威、不伦瑞克这 4 个德国城市之间的铁路规划问题。这个问题现在被称为**最小 Steiner 树**(Minimum Steiner Tree)问题。当顶点数较少时,如 3,4,5 个点的最小 Steiner 树问题,可以用平面几何解决。有兴趣的读者可以阅读参考文献[2]。

图 8　Otakar Borůvka

图 9　高斯

还有一个有趣的问题,容易想到允许增加点时的最短线路长度不会大于不允许增加点时的最短线路长度,因此,两者的比值一定不大于 1。对图 7 中的例子,两者的比值为 $\frac{1+\sqrt{3}}{3} \approx 0.911$。著名的 Gilbert-Pollak 猜想的表述如下:不论平面上有多少个点,这些点的位置如何,这一比值不会小于 $\frac{\sqrt{3}}{2} \approx 0.866$,这一猜想至今尚未得到证明。

另一个著名的组合优化问题是**旅行售货商问题**(Travelling Saleman Problem,简称 TSP)。一个推销员希望在 n 个城市推销自己的商品。他从自己所在的城市出发,经过其他 $n-1$ 个城市中的每一个恰好一次,最后回到自己所在的城市。假设任意两个城市之间的距离已知,推销员应选择怎样的路线可使总长度最短?1954 年,旦茨格等人从美国除阿拉斯加州和夏威夷州外的 48 个州中各选一个城市,连同首都华盛顿市构造了一个 49 个城市的 TSP 问题实例,并给出了其最优解,震惊了全世界。因为该实例所有可能的线路共有 48! 条,这是一个非常大的数字,当时尚在萌芽状态的计算机根本无法将所有可能的线路穷举出来。旦茨格等人通过深入分析问题和实例的性质,不需要穷举即找到一个可行解,并进而证明其为最优解。他们的方法后来不断发展,依靠目前的算法和计算机,能求出 10 万个左右城市的 TSP 问题最优解。加拿大滑铁卢大学的威廉·库克(William Cook)教授团队还开发了名为"Concorde TSP"的应用,在智能手机上就能求解 1 000 个左右城市的 TSP 问题。

组合优化问题的一个重要特征是可行解数量是有限的,从上述几个问题的描述中也可看到这一点。既然如此,为什么不通过穷举所有的可行解去寻找最优解呢?下面这个故事或许可以回答这个问题。相传古印度舍罕王手下的宰相西萨·班·达依尔发明了国际象棋,舍罕王非常高兴。达依尔顺势请求国王给予一些麦子作为奖赏。

如果在棋盘的第一个格子中放下一粒麦子,第二个格子中放下两粒麦子,以后每一格中的麦子数都是前一格中麦子数的两倍,赏赐的麦子应足够放满所有 64 个格子。国王未加思索就答应了,后来才发现这是一笔付不起的赏赐。事实上,放在最后一格中的麦子数为 $2^{63} \approx 9.22 \times 10^{18}$。如果按 1 千克小麦 25 000 粒计算,棋盘中的小麦总重约 7 400 亿吨。即使按目前的全球产量计算,也需要 1 000 多年的时间。这个故事说明,指数函数增长是非常迅速的。如果宰相要求在第 i 个格子中所放麦子数为 i^2 而不是 2^{i-1},那么,由

$$1^2 + 2^2 + \cdots + 64^2 = \frac{64 \times 65 \times 129}{6} = 89\,440,$$

棋盘上的小麦总共不超过 4 千克,国王完全支付得起。这说明多项式函数增长的速度远小于指数函数。

有一些组合优化问题,如最小生成树,尽管可行解的数量也很庞大,但经过前辈学者的努力,已经找到多项式时间算法。而对最小 Steiner 树,这样的多项式时间算法至今尚未找到。那么,究竟是不存在,还是目前尚未找到而留待后来者发现?这就涉及数学和计算机科学中的一个重大难题,$\mathcal{P} = \mathcal{NP}$ 猜想。2000 年,美国 Clay 研究所的数学家从当时数学界未解决的问题中选出他们认为最重要的 7 个,宣布对最终解决其中任何一个问题的学者给予 100 万美元的奖励。至今,7 个猜想中的庞加莱猜想已经宣告解决,但 $\mathcal{P} = \mathcal{NP}$ 猜想没有任何实质性的进展。

下面对这个猜想作一些简单的介绍。所谓 $\mathcal{P}$,$\mathcal{NP}$ 都是问题的集合。如果一个问题已经找到多项式时间算法,则该问题就属于 $\mathcal{P}$。如最小生成树、线性规划都是 $\mathcal{P}$ 中的问题,$\mathcal{NP}$ 问题是"非确定性图灵机多项式时间可解决问题类"(nondeterministic polynomial solvable problem class)的缩写。要将 $\mathcal{NP}$ 问题解释清楚,需要花不少的篇幅,可以粗略地认为,绝大多数有实际应用背景的组合优化问

题,包括 $\mathcal{P}$ 类中的问题都属于 $\mathcal{NP}$ 类。因此,$\mathcal{NP}$ 绝不能认为是没有多项式时间算法的问题,否则就把 $\mathcal{P}$ 类中的问题排除在 $\mathcal{NP}$ 之外了。$\mathcal{P}=\mathcal{NP}$ 猜想是指目前不清楚 $\mathcal{P}=\mathcal{NP}$ 还是 $\mathcal{P}\neq\mathcal{NP}$。但不论哪种情况,$\mathcal{P}\subseteq\mathcal{NP}$ 总是成立的。

美国马里兰大学计算机系教授威廉(William I. Gasarch)先后在同行中作过 3 次调查(见参考文献[3]),相信 $\mathcal{P}\neq\mathcal{NP}$ 的学者在 2002 年占 60%,在 2012 年占 83%,在 2019 年已经占到了 88%。这说明尽管尚无法予以严格证明,但绝大多数人均认为 $\mathcal{P}\neq\mathcal{NP}$。

在 $\mathcal{NP}$ 类中还可以分出一个子集,称为 **$\mathcal{NP}$ 完全类**($\mathcal{NP}$-complete,简记为"$\mathcal{NP}$-C"),$\mathcal{NP}$-C 类中的问题称为 $\mathcal{NP}$ 完全问题,这是 $\mathcal{NP}$ 中"最难"的问题。这里的"最难"是指只要这个 $\mathcal{NP}$ 完全类中有一个问题有多项式时间算法,则 $\mathcal{NP}$ 类中所有问题都有多项式时间算法。换言之,有 $\mathcal{P}=\mathcal{NP}$ 成立。不幸的是,最小 Steiner 树、TSP、整数规划等都是 $\mathcal{NP}$-C 问题。因此,从目前多数人的共识来看,永远不要试图去寻找求解 TSP 的多项式时间算法,否则必定会劳而无功。

即使无法找到多项式时间算法,准确地判断一个问题是否属于 $\mathcal{NP}$-C 类还是有必要的,这可以使研究者少走很多弯路。一种称为"归约"(reduction)的方法可以用来证明一个问题是 $\mathcal{NP}$-C 类中的问题,但这种方法非常有技巧性。一个问题属于 $\mathcal{NP}$-C 类是体现这个问题求解困难的标志。经常有人混淆 $\mathcal{NP}$ 类与 $\mathcal{NP}$-C 类两个概念,像"因为该问题是 $\mathcal{NP}$ 问题,所以难以求解"这样的说法,尽管前后两个命题都可能正确,但两者之间不存在因果关系。最后需要提醒的是,并不是所有问题都属于 $\mathcal{NP}$,在 $\mathcal{NP}$ 类之外还有很多比 $\mathcal{NP}$-C 问题更"难"的问题。图 10 给出关于 $\mathcal{P}$,$\mathcal{NP}$,$\mathcal{NP}$-C 类之间关系的一些正确或错误认识的示意图。对 $\mathcal{P}=\mathcal{NP}$ 猜想有兴趣的读者可阅读美国伊利诺伊理工大学教授兰斯(Lance Fortnow)撰写的科普作品(见参考文献[4])。

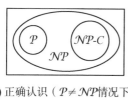
(a) 正确认识（$P \neq NP$情况下）

(b) 正确认识（$P=NP$情况下）

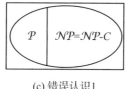
(c) 错误认识1

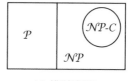
(d) 错误认识2

图 10　关于 P, NP, NP-C 的正确认识与错误认识

20 世纪末，信息通信、计算生物学等新兴学科迅速发展，这些学科的研究对象也以离散形式为主，这使得组合优化有了更多的用武之地。被称为"卡脖子"技术之一的芯片设计、在传染病防治中发挥了重要作用的核酸检测，都需要解决其中的组合优化问题。而大数据带来的大规模，也给组合优化问题的算法设计带来新的挑战。

四、博弈论

前面几节中讨论的优化问题的一个共同特征是最优解是明确的。只要当事者作出正确的抉择，就能获得最有利的结果。本节讨论的博弈问题，尽管也与决策有关，但由于涉及多个参与者，正确的抉择也未必带来最有利的结果。

1945 年，美籍匈牙利裔科学家纽曼（见图 11）和美籍德裔经济学家摩根斯坦（Oskar Morgenstern，1902—1977，见图 12）合作的《博弈论与经济行为》（Theory of Games and Economic Behavior）出版，标志着博弈论的诞生。博弈论在经济学中应用最广，这或许是因为两者都假设当事人是理性的，即以追求自身利益最大化为目标。事实上，社会生活中人的行为未必是完全理性的，也未必是完全利己

图 11　纽曼　　　　图 12　摩根斯坦　　　图 13　纳什

的,这是在解读博弈论的相关结果时需要注意的。

博弈在英语中是用单词"game",它与游戏为同一个单词,博弈论的早期研究也与游戏相关。对围棋、象棋那样的双人回合制游戏,纽曼早在 20 世纪 20 年代就给出一个令人惊讶的结论。如果双方的决策都无失误,结果完全由游戏本身决定。如果规则不允许出现平局,那么,或者先手方有一个必胜策略,或者后手方有一个必胜策略。

什么叫必胜策略呢? 下面用一个简单的游戏"Chomp"来说明。现有一个 8×8 的棋盘,黑白双方轮流在棋盘的方格中下子。不妨设黑方先下。如果有一方在棋盘的某一方格下子,则以后双方均不能在该格的右侧和上侧的方格中下子。最后不得不在左下角那个方格中下子的一方落败,如图 14(a)所示。

把棋盘左下角的方格记为 $(1, 1)$,右上角的方格记为 $(8, 8)$,其他方格的记号依此类推。黑方的一个必胜策略为第一步下在 $(2, 2)$ 格,此时黑白双方只能在最左和最下的 15 个成"L"形的方格中下子。假设白方第一步下在 $(1, i)$ 或者 $(j, 1)$ 格,其中 i, j 可以为任意1至 8 中的数。当 i 或 j 为1,则黑方已经获胜。若 i 或 j 不为1,则黑方第二步下在 $(i, 1)$ 或者 $(1, j)$ 格,如图 14(b)所示。此时双方能下子的

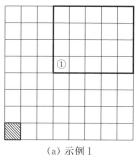
(a) 示例1

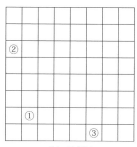
(b) 示例2

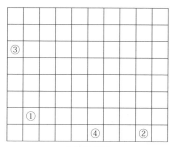
(c) 示例3

图 14 8×8棋盘上的 Chomp 游戏

方格仍为"L"形,但方格数量减少。下面又轮到白方下子,继续上面的过程,由于方格数量有限,最后必以白方失败结束。换句话说,只要黑方应对正确,不论白方如何下子,黑方总能获胜,这就是必胜的含义。

但是,如果把棋盘变为长方形,如 8×10,那么,黑方第一步下在 (2,2) 格就必输无疑。因为白方可以把第一步下在 (1,9) 格,如图 14(c) 所示。现在轮到黑方而不是白方首先面对那个"L"型棋盘,所以,白方就能获胜。尽管可以从数学上证明,此时黑方仍有一个必胜策略,但这个必胜策略应该怎么下子,目前仍不知道。

连如此简单的游戏的必胜策略都未找到,更不用说围棋那样的复杂游戏了。从 2016 年起,AlghaGo 横扫世界围棋界,但它也找不到那个必胜策略。甚至不知道在现有的围棋规则下,究竟必胜策略属于哪一方。当然这也并非全然是坏事,因为两个看过上面这段文字的读者大概不会再有兴趣玩 8×8 的棋盘上的 Chomp 游戏了。

纽曼还研究过所谓的"两人零和有限博弈",这是一种相对简单的博弈。两人同时从有限个策略中选择其中一个,形成一种局势。每人获得这样的局势下相应的收益,并且两人收益之和一定为 0。田忌赛马就是这样一种博弈。由于齐王似乎每次均按固定的上、中、下等的顺序遣马出战,田忌面对的就是单方决策的优化问题。如果齐王也像田忌那样自由选择马匹出战的顺序,考虑田忌在马匹方面的劣势,最好的也是无奈的办法就是避而不战。

纽曼的关于零和博弈的研究似乎并未引起经济学界过多的兴趣,因为经济学界更关心"双赢",而不是"零和",博弈的参与者也可能不止两人。20 世纪 50 年代,一个年轻的数学家纳什(John Forbes Nash,1928—2015,见图 13)为博弈论研究开辟了一个新的纪元。他成为美国著名的数学家和经济学家,1994 年获得诺贝尔经济学奖。纳什可以说是一位传奇性人物。他在从攻读博士起 10 年左右的时间内,先后在博弈论、微分几何、偏微分方程等多个领域做出了重要贡献,也因此分别在 1994 年和 2015 年获得诺贝尔经济学奖和阿贝尔奖,后者是挪威设立的奖励在纯粹数学领域做出杰出贡献的奖项,纳什也是迄今为止同时获得这两个奖项的唯一一人。纳什在 1959 年起逐渐罹患精神疾病,至 20 世纪 90 年代康复。在领取阿贝尔奖的归家途中,不幸因车祸去世。根据他的传记《美丽心灵》改编的同名电影曾获得 2002 年第 74 届奥斯卡金像奖最佳影片奖。

纳什对博弈论最重要的贡献是提出现在被称为"**纳什均衡**" (Nash equilibrium)的概念,并证明了非常广泛的一类博弈的纳什均衡的存在性。之前已经提到,每个参与者选择一个策略,形成一种局势。而纳什均衡是这样的局势:每个参与者都不会在其他参与者不改变策略的情况下单独改变他的策略。下面是一个虚拟的电视游戏的例子。两位游戏的参与者张三、李四可以在两种奖励中任选一种,一是奖励自己 1 000 元,二是奖励对方 4 000 元。两人不能进行交流,作出选择后告知主持人,主持人会根据两人的决策如数兑现。在博弈论中这个游戏常用图 15 这样的形式来表示,其中括号中的两个数分别为两位参与者获得的奖励。

根据图 15,两人都选择"给对方"似乎是一个最优策略。但正如前面所提到的,博弈是由多个参与者共同决策,并不能一厢情愿地将两人的奖励之和作为目标加以优化。事实上,双方选择"给对方"并不是一个纳什均衡。因为在张三看来,不论李四选择了"给对方"还是"给自己",张三选择"给自己"总比选择"给对方"会增加 1 000 元的奖励。当然李四也会有如此想法。而双方选择"给自己"却是一个纳什均衡,因为不论哪一方改变策略,都会使自己的奖励减少 1 000 元。

		李四	
		给自己	给对方
张三	给自己	(1 000, 1000)	(5 000, 0)
	给对方	(0, 5 000)	(4 000, 4 000)

图 15

两人自作聪明,结果却大失所望,两人都选择了"好"的策略,但获得的奖励都少于两人都选择"差"的策略的情形。这深刻地揭示了博弈所不同于其他优化问题的一面。这个例子就是博弈论中著名的**"囚徒困境"**(prisoner's dilemma),这里采用了更为简明的背景描述。这个例子说明,在参与者利己假设下,由各方自行决策所形成的纳什均衡从整体来看可能是非常糟糕的。这也说明通过道德和法规规范引导个人行为的必要性。

在《美丽心灵》中记载了这样一个故事,纳什提出纳什均衡后,兴冲冲地向纽曼讲述,而后者对此不屑一顾。在纽曼看来,纳什均衡存在性的证明不过是拓扑学中不动点定理的一个应用。纽曼是当时最著名的数学家之一,在物理学、计算机科学等领域也卓有贡献。或许他仍然局限于从纯粹数学的角度评价纳什的贡献,没有意识到纳什均衡在经济学等领域的巨大应用价值。

进入 21 世纪,互联网极大地改变了我们的社会,很多人习惯了线上生活。在网络上无法完全照搬现实世界中的一些管理方式。因此,决策主体的多元化是一种必然趋势,这也意味着博弈论也将离我们越来越近。

五、运筹学在中国

1955 年,著名科学家,中国科学院、中国工程院院士钱学森(1911—2009,见图 16)冲破美国方面的阻挠,乘坐"克利夫兰总统"号轮船回国。在归途中,钱学森和同船的著名系统工程、运筹学家,中国工程院院士许国志(1914—2001,见图 17)交流,指出运筹学"对祖国建设很有用"(参见参考文献[5])。次年,许国志在其所在的中国科学院力学研究所建立了我国第一个运筹学研究室。1957 年,运筹学家周华章首次将这一学科定名为"运筹学"。"运筹"语出《史记》,它比"operational research"更为传神地反映了学科内涵。1959 年,在中国科学院数学研究所又成立了一个运筹学研究机构。两个机构在 1960 年合并,我国运筹学走上迅速发展的道路,在应用普及和学术研究两方面都取得了突出的成就。

图 16　钱学森

从 1958 年起,著名数学家、中国科学院院士华罗庚(1910—1985,见图 18)将他的主要精力转向数学普及。他领导一个由数学工作者、技术人员和工人所组成的小分队,去过数百个城市,走访数千家工厂,为上百万工人做过讲座。通过这种方式,他将许多有用的数学方法直接交到基层员工手里,并取得了显著的经济效益,仅在《华罗庚的数学生涯》一书中就列举了十几个行业、一百多个具体项目,为中国应用数学的发展做出了重要的贡献(参见参考文献[6])。

图 17 许国志

图 18 华罗庚

华罗庚及其同事推广的数学方法绝大多数属于运筹学范畴。早期以线性规划为主,也包括组合优化中的一些问题,后期以统筹法和优选法为主。所谓统筹法,即**关键路径法**(critial path method, CPM)。华罗庚撰写的《统筹方法平话》一文,曾作为科普作品的典范之作节选后进入中小学语文课本。优选法,严格说来是一系列优化技术的合称。下面仅从其中最简单的单因素优选法,即"0.618 法"来一探端倪。

假设有一个定义在 $[0,1]$ 上的函数 $f(x)$(见图19),在 $[0,c]$ 上严格单调递增,在 $[c,1]$ 上严格单调递减,c 即为函数 $f(x)$ 在 $[0,1]$ 上的最大值点。在很多生产工艺中,产品的某种特性 Y(如产量、合格率等)与某个因素 X(如温度、催化剂等)有关。假设 Y 和 X 可分别用数值 y 和 x 表示,凭经验可知 y 值随 x 值的增加具有先增加、后减少的趋势,优化工艺的目标是确定 c 的值。

很多大中学生面对这一问题时想到的方法都是求导,这实在是低估了解决实际问题的难度。目前,多数复杂生产流程的机理尚不清晰。因此,函数 $f(x)$ 的具体表达式无从得知,当然更无法求出其导函数。当然,对给定的自变量 x,通过试验可得到 $f(x)$ 的值。由于试验可能费时费力,希望用尽可能少的次数求出 c 的值,或它的一个近似。上述问题的另一种提法是将 c 所在的区间由[0,1]缩小至长度足够小的$[a,b]$。

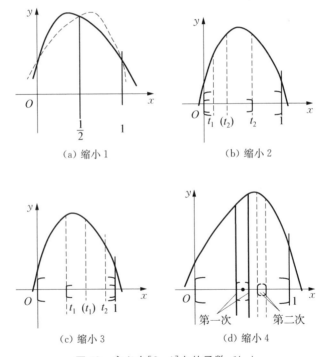

图 19 定义在[0,1]上的函数 $f(x)$

在求连续函数零点时常用到二分法,但在此处没有直接的作用,如图 19(a)所示。那么,如果在 0,1 间选两个点而不是一个点呢?设 $0<t_1<t_2<1$,结合图 19(b)和(c)不难看到,若 $f(t_1)\leqslant f(t_2)$,

则 $c \in [t_1, 1]$；若 $f(t_1) > f(t_2)$，则 $c \in [0, t_2]$。这样通过两次试验，区间就可以由 $[0, 1]$ 缩短为 $[t_1, 1]$ 或 $[0, t_2]$。下面的问题就是 t_1, t_2 应该如何选择。

注意到 $(1-t_1)+(t_2-0)=1+t_2-t_1>1$。如果 t_1, t_2 接近 $1/2$，不论缩短后的区间是 $[t_1, 1]$ 或 $[0, t_2]$，其长度略大于原区间长度的 $1/2$。如果 t_1 或 t_2 远离 $1/2$，不排除缩短后的区间是两者中较长的那个，效果可能更差。但这仅考虑了一次缩短。如果一次缩短后，区间长度仍不符合要求，还要进行第二次缩短。此时，要再进行两次试验，使区间长度再缩短近 $1/2$，如图 19(d) 所示。那么，有无可能在第二次缩短时重复利用第一次缩短时的试验结果呢？事实上是完全可能的。这就要用到黄金分割数 $\phi = \dfrac{\sqrt{5}-1}{2}$，$\phi$ 是方程 $x^2+x-1=0$ 的正根。

取 $t_2 = \phi$，$t_1 = 1-\phi = \phi^2 = \phi t_2$。也就是说，$t_1(t_2)$ 离区间右（左）端断点的距离均为区间长度的 ϕ 倍。如果第一次缩短后的区间为 $[0, t_2]$，区间长度为 ϕ，则为第二次缩短所需的两个试验点为 $t_2' = \phi t_2$，$t_1' = (1-\phi) t_2$。注意到 $t_2' = \phi^2 = 1-\phi = t_1$，因此，第二次缩短时只需获得 $t_1' = \phi - \phi^2$ 时的函数值即可，如图 20(a) 所示。如果第一次缩短的区间为 $[t_1, 1]$，区间长度也为 ϕ，则第二次缩短所需的两个试验点为 $t_2'' = t_1 + \phi(1-t_1)$，$t_1'' = t_1 + (1-\phi)(1-t_1)$。类似地，

$$t_1'' = 1 - \phi + \phi t_1 = 1 - \phi + \phi(1-\phi) = 1 - \phi^2 = \phi = t_2。$$

因此，只需获得 $t_2'' = 1 - \phi + \phi^2$ 时的函数值即可，如图 20(b) 所示。

综上所述，可知除第一次缩短需要两次试验外，以后区间长度每缩短 ϕ 倍，只需新试验一次函数值，效率显著高于之前的方案。为计算方便，常用 0.618 来近似 ϕ 值，这是上述方法被称作"0.618 法"的由来。"0.618 法"对函数 $f(x)$ 的性质没有过多要求，因而适用范围

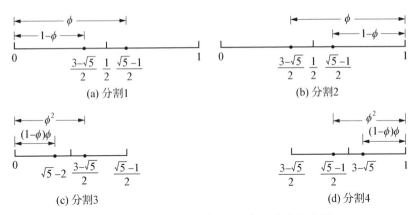

图 20　利用黄金分割数对区间[0, 1]进行分割

很广,并且操作简便,在全国的推广也取得了很大的成功。

在运筹学中,有一个问题称为"**中国邮递员问题**"(Chinese postman problem,CPP)。这是数学史上少数几个以中国命名的问题。它是由中国学者在实际工作中发现,并建模为数学问题,进而逐渐发展成为一类内容丰富、应用广泛的问题。1960 年,在全国开展运筹学研究和应用的背景下,山东师范学院(现山东师范大学)管梅谷前往各单位寻找可以用数学方法解决的问题。在邮局他了解到这样的问题:邮递员从邮局出发,投递所有由他负责的信件,最后回到邮局,如何选择一条最短的路线?如果将邮局和每个投递点视作一个城市,该问题即为一个 TSP 问题。但在当时条件下,邮递员每天送两三百封信,解决这样规模的 TSP 问题还是有困难的。据管梅谷后来回忆(参见参考文献[7]),以下两个因素促使他将关注点由"点"转为"线":一是邮递员必然沿着街道行走,二是邮递员走过的同一条街道上的多个投递点之间的投递顺序是明确的。这样问题就转化为寻找从邮局出发,走遍所有投递点所在的街道,最后回到邮局的最短路线,从而又与另一个著名问题——"七桥问题"(königsberg bridge problem)建立了联系。

哥尼斯堡(Königsberg)是 1254 年由条顿骑士团建立的城市,后属普鲁士王国的一部分。现改名"加里宁格勒",是俄罗斯在波罗的海地区的一块飞地。普瑞格尔(Pregel)河穿过城中,将城市分隔为 4 个区域,这 4 个区域又通过河上的 7 座桥梁互相连通,如图 21(a)所示。困扰城中居民的一个问题是,是否有从城中某处出发,经过每座桥梁恰好一次,最后回到出发点的路线。邻近城市但泽的一位数学家海因里希(Heinrich Kuhn)通过市长向瑞士数学家欧拉(见图 22)提出了这个问题,并为一生从未到过哥尼斯堡的欧拉描绘了 7 座桥梁的大致位置。

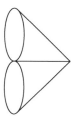

(a) 普瑞格尔河穿过哥尼斯堡　　(b) 欧拉图
图 21　哥尼斯堡七桥问题　　　　　　图 22　欧拉

欧拉将其抽象为一个图的问题,城市的 4 块区域视作图的顶点,桥梁视作连接顶点的边,目标即为寻找一条经过所有边恰好一次的回路,如图 21(b)所示。这样的回路日后被称为欧拉回路,存在欧拉回路的图被称为欧拉图。欧拉给出判断任意一个连通图是欧拉图的充要条件,即所有顶点的度均为偶数,这里顶点的度即以该顶点为端点的边的数目。同时,欧拉还得到一些图的基本性质,欧拉所使用的部分关于图的记号也沿用至今。这些结果集中反映在欧拉于 1736 年撰写的一篇论文中,1736 年也因此被公认为是图论这一学科的元年。

"七桥问题"及欧拉图的判定条件因"一笔画"游戏为众人所知。欧拉没有局限于解决哥尼斯堡"七桥问题",而是着眼于任意图,进而发展出一个学科,这体现了数学家的敏锐和睿智。但是,欧拉没有像他所研究的很多其他数学问题那样考虑这个问题的优化形式。欧拉提供了能使哥尼斯堡居民走遍所有桥梁恰好一次的途径,即在所有现有桥旁边平行地再造一座桥,但没有进一步讨论是否还有更便捷的做法。"中国邮递员问题"恰为"七桥问题"的优化形式。将街道视作边,街道交接处为顶点,同样可将邮递员的工作区域抽象为一张图。若该图是欧拉图,则欧拉回路就是邮递员的最优路线。若该图不是欧拉图,则邮递员必须经过某些街道两次以上才能完成投递任务,相当于将图的某些边再复制一条两个端点完全相同的边。因此,问题转化为在原图中复制某些边,使得增加后的图为欧拉图,且新增边的总长度最小。

管梅谷给出"中国邮递员问题"的一个算法,但这个算法并不是多项式时间算法(参见参考文献[8])。十余年后,两位美国数学家给出了一个多项式时间算法,并因该问题由中国学者提出,并首发于中国的《数学学报》而将该问题称为"Chinese postman problem"。后来又将由此派生出的一类问题称作**边路由问题**"(arc routing),以区别于如 TSP 那样的顶点路由问题。"中国邮递员问题"的提出,是中国运筹学者为运筹学发展做出的重要贡献。

六、结语

在前面各节中,我们介绍了运筹学在国内外的发展和历程,以及它的 3 个分支和其中的部分问题。应该指出的是,运筹和统计是数学中应用面最广的两个学科,目前正迎来最好的发展时机。很多大型企业在研发、人才、资金等各方面都给予运筹领域特别的关注。运用运筹学思想解决各行各业面临的与优化相关的实际问题,既是时代对运筹学工作者赋予的光荣使命,也是对各级管理人员和其他专业人士的必然要求。中国的运筹学研究与应用必将在新时代取得更大的成就。

参考文献

[1] 谈之奕,林凌. 组合优化与博弈论. 浙江大学出版社,2015
[2] 越民义. 最小网络-斯坦纳树问题. 上海科学技术出版社,2006
[3] W. I. Gasarch. The Third P=? NP Poll. *ACM SIGACT News*, 2019,50(1): 38—59
[4] L. Fortnow. *The Golden Ticket: P, NP, and the Search for the Impossible*. Princeton University Press, 2013(中译本: 杨帆译. 可能与不可能的边界: P/NP问题趣史. 人民邮电出版社,2014)
[5] 张现民. 钱学森回国记. 百年潮,2017(2)
[6] 王元,杨德庄. 华罗庚的数学生涯. 科学出版社,2005
[7] 管梅谷. 关于中国邮递员问题研究和发展的历史回顾. 运筹学学报,2015,19(3),1—7
[8] 管梅谷. 奇偶点图上作业法. 数学科学学报,1960,10,263—266

浙江大学数学科学学院　谈之奕

组合数学简介

组合数学主要研究满足一定条件的组态（或者说安排）的存在性、计数及构造等方面的问题，它大体上可分为计数组合学、组合设计、图论、极值组合学、代数组合学、组合优化等方面。组合数学研究的这些组态，通常是优美或有实际应用意义的，从而如同数学的整体特征一样。组合数学既是一种艺术，也是一门科学。

组合数学不仅在数学研究中具有重要的地位，在计算机科学、通讯科学、物理、化学、生物学等学科中也有广泛的应用。我们知道，计算机科学的核心内容就是使用算法处理离散数据，而组合数学研究的就是离散的对象，正如微积分和近代数学的发展为近代的工业革命奠定了基础，组合数学的发展则是奠定了 20 世纪计算机革命的基础。得益于计算机科学、通讯科学等学科的推动，也得益于与其他数学分支越来越密切的联系，近几十年来组合数学发展迅速。

古典组合数学中的一些原理，如容斥原理、鸽笼原理等，含义明显又兼具哲理性，而一些问题的解决也较依赖于聪明才智与精巧细致的推理，这在中学生数学思维的培养上是不可或缺的，因而我国的中学教育中包含了组合数学中经典的排列、组合等计数内容，同时，组合数学也是国际数学奥林匹克竞赛（IMO）的 4 个重要考察范围之代对运筹学工作者赋予的光荣使命,也是对各级管理人员和其他专业人士的必然要求。中国的运筹学研究与应用必将在新时代取得更大的成就。

参考文献

[1] 谈之奕,林凌. 组合优化与博弈论. 浙江大学出版社,2015
[2] 越民义. 最小网络-斯坦纳树问题. 上海科学技术出版社,2006
[3] W. I. Gasarch. The Third P=? NP Poll. *ACM SIGACT News*,2019,50(1):38—59
[4] L. Fortnow. *The Golden Ticket:P,NP,and the Search for the Impossible*. Princeton University Press,2013(中译本:杨帆译. 可能与不可能的边界:P/NP问题趣史. 人民邮电出版社,2014)
[5] 张现民. 钱学森回国记. 百年潮,2017(2)
[6] 王元,杨德庄. 华罗庚的数学生涯. 科学出版社,2005
[7] 管梅谷. 关于中国邮递员问题研究和发展的历史回顾. 运筹学学报,2015,19(3),1—7
[8] 管梅谷. 奇偶点图上作业法. 数学科学学报,1960,10,263—266

浙江大学数学科学学院　谈之奕

组合数学简介

组合数学主要研究满足一定条件的组态(或者说安排)的存在性、计数及构造等方面的问题,它大体上可分为计数组合学、组合设计、图论、极值组合学、代数组合学、组合优化等方面。组合数学研究的这些组态,通常是优美或有实际应用意义的,从而如同数学的整体特征一样。组合数学既是一种艺术,也是一门科学。

组合数学不仅在数学研究中具有重要的地位,在计算机科学、通讯科学、物理、化学、生物学等学科中也有广泛的应用。我们知道,计算机科学的核心内容就是使用算法处理离散数据,而组合数学研究的就是离散的对象,正如微积分和近代数学的发展为近代的工业革命奠定了基础,组合数学的发展则是奠定了 20 世纪计算机革命的基础。得益于计算机科学、通讯科学等学科的推动,也得益于与其他数学分支越来越密切的联系,近几十年来组合数学发展迅速。

古典组合数学中的一些原理,如容斥原理、鸽笼原理等,含义明显又兼具哲理性,而一些问题的解决也较依赖于聪明才智与精巧细致的推理,这在中学生数学思维的培养上是不可或缺的,因而我国的中学教育中包含了组合数学中经典的排列、组合等计数内容,同时,组合数学也是国际数学奥林匹克竞赛(IMO)的 4 个重要考察范围之一(另 3 个为数论、代数和几何),表明组合数学在数学教育中的重要作用。

一、组合数学的起源

文献表明组合数学起源于东方,中国和印度在古代组合数学中都占据重要地位。选择与排序的基本思想来源于印度文化。例如,关于 n 个元素排列的个数公式 $n \cdot (n-1) \cdot \cdots \cdot 2 \cdot 1$(记为 $n!$)和 n 元集的 k 元子集个数公式 $\frac{n(n-1)\cdots(n-k+1)}{k(k-1)\cdots 1}$ $\left(\text{记为} \binom{n}{k}\right)$ 在 1150 年左右已经为巴斯卡拉(Bhaskara)所知,也可能更早地于公元 6 世纪为布拉美古塔(Brahmagupta)所知。

更早的历史来源于中国。n 阶幻方是一种安排,就是把 1,2,$\cdots$,n^2 这 n^2 个自然数排成 n 行 n 列的一个数表,使其每行每列以及两条对角线上的 n 个数之和完全相同。容易算出 n 阶幻方中每行每列以及两条对角线上的 n 个数之和都是 $\frac{1}{2}n(n^2+1)$。传说在公元前 2200 年大禹治水期间,洛阳西洛宁县洛河中浮出神龟,背驮"洛书",献给大禹,大禹依此治水成功,遂划天下为九州。如图 1 所示,洛书实际上就是一个 3 阶幻方。如果这个传说不可信的话,那 3 阶幻方可以确定地追溯到公元 1 世纪的记载,《易经·系辞上》说:"河出图,洛出书,圣人则之。"然而,关于幻方的真正研究始于公元 900 年。在公元 900 年至公元 1300 年期间,中国学者和伊斯兰学者对幻方进行了深入的研究,利用多种方法构造出任意阶数的幻方,在中国数学家杨辉 1275 年所著的《续古摘奇算法》一书中,就包含他所构造的 3~10 阶幻方。在西方直到 1514 年德国画家丢勒(Durer)才构造出 4 阶幻方,并把它雕刻在一幅名为《忧郁》的铜版画上(见图 2)。

 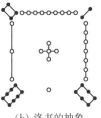

(a) 神龟背驮"洛书"　　　(b) 洛书的抽象　　　(c) 3阶幻方

图 1　洛书

图 2　铜版画上的 4 阶幻方

在 13 世纪,中国和伊斯兰文化也有交流。例如,1956 年在西安市东郊秦孟社村元朝安西王府出土的一个铁片上,就刻有用东阿拉伯数字表示的 6 阶幻方(见图 3)安西王府毁于 1306 年的一场地震。

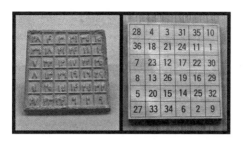

图 3　用东阿拉伯数字表示的 6 阶幻方

古代组合数学中另外一个基本的组合结构就是由二项式系数构成的三角形(见图 4),即杨辉三角形,西方又称为帕斯卡三角形。

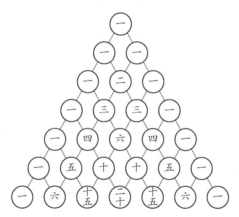

图 4　帕斯卡三角形

印度人可能很早就知道这个三角形,因为他们很早就可以计算一个集合子集的个数。南宋数学家杨辉在其 1261 年所著的《详解九章算法》一书中,称这个三角形为"开方作法本源图",并说明此表引自 11 世纪中叶(约公元 1050 年)贾宪的《释锁算术》,并绘画了"古法七乘方图",故此杨辉三角形又被称为"贾宪三角形"。事实上,贾宪所用的三角形有别于杨辉三角形,它需将杨辉三角形顺时针旋转 45°,贾宪首先使用它进行高次开方运算。在西方,约旦努(Jordanus de Nemore)于1225年左右讨论了帕斯卡三角形的构造,并在他的《论算术》(De Arithmetica)一书中使用。帕斯卡三角形还出现在阿拉伯著作中,如图西(al-Tusi)在1265年的工作。在欧洲最早关于帕斯卡三角形的文字记载,出现在1527年德国数学家阿皮雅努斯(Apianus)著作的封面上。

17世纪的法国数学家、物理学家帕斯卡(Pascal)关于帕斯卡三角形的工作被收录到其病逝3年后出版的论著《算术三角形》(Traité)中。帕斯卡的论著利用数学归纳法原理的一种形式,对一系列关于二项式系数的问题进行了推理处理。这些问题不仅刺激了概率论的产生,也在中世纪学者和现代数学家之间提供了一个重要的联系,从这个意义上来说,帕斯卡的工作标志着近现代组合数学的开始。组合学(Combinatorics)这个数学名称应来源于与帕斯卡同时期的微积分创始人之一的德国哲学家、数学家莱布尼茨(Leibniz),莱布尼兹在20岁时出版了他的第一部著作《组合的艺术》(Dissertatio de Arte Combinatoria)。虽然这是部哲学著作,只提到很少的组合数学,但实际上莱布尼茨开创了组合数学的几个重要方向,如整数分拆等。

也是在17世纪,代数符号促进人们可以更清楚地理解代数和组合数学之间的联系,帕斯卡和莱布尼茨已经注意到代数表达式乘积中项的展开与合并对应于枚举特定类型的组合对象。例如,二项展开式

$$(x+y)^n = \sum_{k=0}^{n} \binom{n}{k} x^k y^{n-k}$$

可以解释为找出在 n 个物体中选取 k 个选取方式数的一个规则。1697年法国数学家棣莫弗(De Moivre)进一步发展了这个思想,证明了多项式定理,用以确定 $(x_1+x_2+\cdots+x_r)^n$ 展开式中各项的系数。此外,棣莫弗还发现了计数组合学的一个重要原理——容斥原理,并

用它于 1718 年得到了 n 元错位排列个数公式

$$d_n = n! \sum_{r=0}^{n} \frac{(-1)^r}{r!}。$$

毋庸置疑，18 世纪组合数学的代表人物是被称为所有人老师的瑞士数学家欧拉，他在图论、拉丁方等方面都做出了开创性的贡献，图论的发展起始于欧拉关于哥尼斯堡"七桥问题"的解答，而欧拉的"36 军官问题"则是现代组合设计理论的起源之一。在组合数学中欧拉做出的第一个重要贡献在整数分拆方面，所用方法为前一段提到的代数技巧。对任意正整数 n，所谓 n 的一个分拆，就是将其写成递降正整数和的一个表示 $n = r_1 + r_2 + \cdots + r_k$，其中 $r_1 \geqslant r_2 \geqslant \cdots \geqslant r_k \geqslant 1$，和式中的每个正整数称为一个部分，令 $p(n)$ 表示 n 的所有分拆的个数。例如，5 有 7 种分拆的形式，

$$5 = 5 = 4+1 = 3+2 = 3+1+1 = 2+2+1$$
$$= 2+1+1+1 = 1+1+1+1+1，$$

从而 $p(5) = 7$。设 $A = \{\alpha, \beta, \gamma, \delta, \cdots\}$ 是互不相同的一些正整数构成的集合，欧拉考虑了乘积

$$(1+x^\alpha z)(1+x^\beta z)(1+x^\gamma z)(1+x^\delta z)\cdots，$$

和为 n 的 A 中 m 个整数的任一个选取就是 n 的 m 个不同部分的分拆，且其每一部分都在 A 中，所以，上面乘积展开式中 $x^n z^m$ 的系数就是 n 的每一部分都取自集合 A 的具有 m 个不同部分的分拆个数。类似地，如果正整数 α 作为 n 的分拆的部分可以任意重复，则由于

$$(1-x^\alpha z)^{-1} = 1 + x^\alpha z + (x^\alpha)^2 z^2 + (x^\alpha)^3 z^3 + \cdots，$$

且项 $(x^\alpha)^r z^r$ 对应分拆中整数 α 出现 r 次，上面乘积中的因子 $(1 + x^\alpha z)$ 就应该被 $(1 - x^\alpha z)^{-1}$ 所代替。由此便可以得到分拆数 $p(n)$ 的生成函数为

$$\sum_{n=0}^{\infty} p(n)x^n = \prod_{n=1}^{\infty} (1-x^n)^{-1}。$$

这样,欧拉得到了许多关于无穷乘积和无穷级数的有趣恒等式,如

$$\prod_{n=1}^{\infty}(1-x^n) = \sum_{n=0}^{\infty}(-1)^n x^{n(3n\pm 1)/2},$$

由此恒等式就可以得到分拆数 $p(n)$ 的递推关系。此外,欧拉还研究了整数分拆和对称函数之间的关系。

置换是有限集合到自身的一个双射,它也对应着不同元素的排列。对置换和它的代数性质的研究,对组合数学的发展起到意义深远的影响,在描述我们现在称为置换群的性质时,法国数学家拉格朗日、伽罗瓦、柯西(Cauchy)等人的工作为该学科最终融入现代数学主流开辟了道路,他们创立了现代数学中的重要分支学科——群论,并用其彻底解决了代数方程的根式求解问题。

二、计数组合学

计数组合学是组合数学的一个重要分支,很多人所说的组合数学狭义上就是指计数组合学,以至于很多组合数学的教科书讲的绝大部分都是计数。计数就是数(汉语拼音为"shǔ")个数,即确定满足一定条件的安排的个数,或者用数学的语言来说,就是计算一个有限集合中的元素个数。对很多学科领域来说,这自然是一个基本问题,如多元代数方程整数解或有理解的个数、物理学中基本粒子的个数、化学中满足一定条件的分子结构的个数等,计数组合学在数学学科中的有限群理论、表示论、代数几何、代数拓扑等很多分支中也有重要应用。

先看一个最简单的例子。假设某小学一年级一班有 15 名男同学和 17 名女同学,问此班有多少名同学?这自然是小学一年级就可以解决的问题,答案为"$15+17=32$"(当然我们认为此班级的每名

学生都具有男或女一种性别)。由这个简单的问题我们可以得到一个深刻的数学结论,即互不相交的两个有限集合的并中的元素个数为这两个集合中的元素个数的和,这就是所谓的加法原理(显然加法原理可以推广到多个两两不交的集合的情形)。例如,利用古代印度人就知道的 n 元集的 k 元子集个数为 $\binom{n}{k}$ 这个结论,我们可以得到一个 n 元集的所有子集的个数为

$$\sum_{k=0}^{n}\binom{n}{k}=2^n。$$

计数问题并不总是这样简单,实际上现在仍有很多计数问题没有解决。例如,我们用 $\pi(n)$ 表示不超过正整数 n 的素数个数,简单数一数可以得到 $\pi(2)=1$,$\pi(3)=2$,$\pi(10)=4$,$\pi(100)=25$ 等,但对于一般的 n,我们至今不知道 $\pi(n)$ 的精确表达式。

古典的组合数学往往需要依赖技巧,而近代组合数学产生了一些系统和深刻的方法。计数的系统方法起始于 17 世纪末,就是我们前面提到的代数表达式,或者称之为生成函数。有很多计数问题是给定一个由有限集合 S_i 组成的无限集族,其中 i 取遍一个指标集 I (通常 I 为自然数集 $\mathbb{N}$),要求"同时"计数每一个集合 S_i 的元素个数 a_i,而给出 a_i 的方式主要有显示公式、递推关系和生成函数等。

假如,设 $n \geqslant 1$,$X_n=\{1, 2, \cdots, n\}$,记 a_n 为 X_n 的子集个数,求 a_n。注意到每个 X_n 的子集加入元素 $n+1$ 或不加入元素 $n+1$,均成为 X_{n+1} 的子集,由不同的 X_n 的子集得到的 X_{n+1} 的子集也不同,并且所有 X_{n+1} 的子集都可由这样的方式得到,从而 $a_{n+1}=2a_n$。又初始条件为 $a_1=2$,故 $a_n=2a_{n-1}=\cdots=2^{n-1}a_1=2^n$。

再如斐波那契数列,意大利比萨的斐波那契在 1202 年出版的《珠算原理》(*Liber Abaci*)一书中,提出一个有趣的问题:假定一对刚出生的小兔一个月后就能长成大兔,再过一个月便能生下一对小

兔,并且此后每个月都生一对小兔,若不考虑死亡问题,则一对刚出生的兔子,一年内能繁殖成多少对兔子? 记 f_n 为第 n 个月时大兔的对数,$n=0,1,\cdots$,则 $f_0=0$, $f_1=1$。对于 $n \geqslant 2$,第 n 个月时的大兔应由两部分组成:一部分是第 $n-1$ 个月时就已是大兔的兔子,共 f_{n-1} 对;另一部分是第 n 个月时刚长成的大兔,即第 $n-1$ 个月时出生的兔子,它们由第 $n-2$ 个月时的大兔生出,共有 f_{n-2} 对,从而 $f_n = f_{n-1} + f_{n-2}$。故第 n 个月时所有兔子的对数为 $f_n + f_{n-1}$,而我们所求即为 $f_{12} + f_{11}(=f_{13})$,由上面递推关系及初始值,计算得到 $f_{13} = 233$,从而问题的答案为 233。

在前面的例子中,我们都给出所求数的递推关系和初始条件,对任意给定的正整数 n,利用递推关系和初始条件,就可以迭代计算出 a_n(和 f_n)。但对于 n 元集的子集个数 a_n,我们已经求出 a_n 的显示公式 2^n,对于斐波那契数 f_n,是否也能找到显示公式呢? 我们可以用生成函数来解决这个问题。

数列 $\{a_n\}_{n=0}^{\infty}$ 的生成函数是下面形式的幂级数,

$$f(x) = \sum_{n=0}^{\infty} a_n x^n。$$

设斐波那契数列 $\{f_n\}_{n=0}^{\infty}$ 的生成函数为 $f(x)$,则有

$$f(x) = \sum_{n=0}^{\infty} f_n x^n = f_0 + f_1 x + \sum_{n=2}^{\infty} f_n x^n$$

$$= x + \sum_{n=2}^{\infty} (f_{n-1} + f_{n-2}) x^n = x + x f(x) + x^2 f(x),$$

故 $f(x) = \dfrac{x}{1-x-x^2}$。令 $\alpha = \dfrac{1+\sqrt{5}}{2}$, $\beta = \dfrac{1-\sqrt{5}}{2}$,我们有

$$f(x) = \frac{1}{\alpha - \beta} \left(\frac{1}{1-\alpha x} - \frac{1}{1-\beta x} \right) = \frac{1}{\alpha - \beta} \left(\sum_{n=0}^{\infty} \alpha^n x^n - \sum_{n=0}^{\infty} \beta^n x^n \right)$$

$$= \sum_{n=0}^{\infty} \frac{\alpha^n - \beta^n}{\alpha - \beta} x^n。$$

比较上式两端 x^n 的系数,可以得到

$$f_n = \frac{\alpha^n - \beta^n}{\alpha - \beta} = \frac{1}{\sqrt{5}}\left(\left(\frac{1+\sqrt{5}}{2}\right)^n - \left(\frac{1-\sqrt{5}}{2}\right)^n\right).$$

注意到虽然每个 f_n 都是整数,但它的显示公式中却包含无理数 $\sqrt{5}$。

我们再看一个例子。考虑符合下面要求的括号串:n 个左括号与 n 个右括号从左至右排成一排,要求在任何一个位置,其左边的左括号至少不比右括号少。令 c_n 表示这样的括号串总数,显然 $c_1 = 1$, $c_2 = 2$, $c_3 = 5$, 等等。定义本原括号串为在到达尽头之前的任何一个位置,其左边的左括号始终比右括号多的括号串,并用 g_n 表示 n 对本原括号串的个数。因为每一个本原括号串去掉第一个左括号和最后一个右括号也是一个括号串,且反之亦然,从而 $g_1 = f_1$,但对 $n \geqslant 2$ 有 $g_n = f_{n-1}$。设 k 为一括号串中从左开始第一次达到左右括号数相等的左、右括号数,则 $1 \leqslant k \leqslant n$,且对 $n \geqslant 1$ 有递归关系,

$$c_n = \sum_{k=1}^n g_k c_{n-k} = \sum_{k=1}^n c_{k-1} c_{n-k},$$

其中定义 $c_0 = 1$。令 $f(x)$ 表示 $\{c_n\}_{n=0}^\infty$ 的生成函数,再令 $b_0 = 0$,且当 $k \geqslant 1$ 时,$b_k = c_{k-1}$,则

$$c_n = \sum_{k=1}^n c_{k-1} c_{n-k} = \sum_{k=1}^n b_k c_{n-k} = \sum_{k=0}^n b_k c_{n-k}.$$

这说明

$$\begin{aligned}f(x) - 1 &= \sum_{n=1}^\infty \left(\sum_{k=0}^n b_k c_{n-k}\right) x^n + b_0 c_n \\ &= \sum_{n=0}^\infty \left(\sum_{k=0}^n b_k c_{n-k}\right) x^n = \left(\sum_{n=0}^\infty b_n x^n\right) f(x) \\ &= \left(\sum_{n=1}^\infty c_{n-1} x^n\right) f(x) = x f^2(x),\end{aligned}$$

从而

$$f(x) = \frac{1 \pm \sqrt{1-4x}}{2x}。$$

由初值 $f(0)=1$ 可知,应有

$$f(x) = \frac{1-\sqrt{1-4x}}{2x} = \frac{1}{2x}(1-(1-4x)^{\frac{1}{2}})$$

$$= \frac{1}{2x}\left(1 - \sum_{i=0}^{\infty} \binom{\frac{1}{2}}{i}(-4x)^i\right)。$$

由此便得到

$$c_n = \frac{(2n)!}{n!(n+1)!} = \frac{1}{n+1}\binom{2n}{n}。$$

数 c_n 称为第 n 个卡塔兰(Catalan)数。卡塔兰理论既是计数组合学中最经典的范畴之一,又是当代研究的热点问题。当代组合数学大师斯坦利(Richard P. Stanley)在他的著作《计数组合学》(*Enumerative Combinatorics*)的第二卷中,列举了 66 种可以用卡塔兰数计数的物体,并且斯坦利在他的个人主页上持续记录最新被发现的可用卡塔兰数计数的事物,至今已经有 190 多种!

在没有递推关系的情况下,我们也可以利用生成函数来进行计数。例如,可重复地选取问题:从 r 种不同的物体中可以重复地选取 n 个,求不同的选取方式数。我们用 a_n 来表示这个方式数,由于每种物体可以取 0,1,2,… 次,因此,每种物体对应的代数表达式为 $1+x+x^2+\cdots$,从而 a_n 的生成函数为

$$\sum_{n=0}^{\infty} a_n x^n = (1+x+x^2+\cdots)^r = (1-x)^{-r}$$

$$= \sum_{n=0}^{\infty} \binom{-r}{n}(-x)^n = \sum_{n=0}^{\infty} \binom{n+r-1}{n}x^n,$$

由此得到 $a_n = \binom{n+r-1}{n}$,即从 r 种不同的物体中可以重复地选取 n 个的选取方式数为 $\binom{n+r-1}{n}$。

生成函数也有其他的形式。例如,数列 $\{a_n\}_{n=0}^{\infty}$ 的指数型生成函数是下面形式的幂级数,

$$f(x) = \sum_{n=0}^{\infty} \frac{a_n}{n!} x^n。$$

一个 n 元错位排列(derangement)是 n 元集 $\{1, 2, \cdots, n\}$ 上的全排列 $i_1 i_2 \cdots i_n$,使得对所有 $1 \leqslant j \leqslant n$,有 $i_j \neq j$,我们用 d_n 表示所有 n 元错位排列的个数,则显然 $d_1 = 0$,$d_2 = 1$,并且容易验证对任意 $n \geqslant 2$,有递推关系 $d_{n+1} = n(d_n + d_{n-1})$。为了应用生成函数,我们可以定义 $d_0 = 1$,虽然 0 元错位排列没有意义,但这样的定义也符合如上递推关系。设 d_n 的指数型生成函数为 $D(x) = \sum_{n=0}^{\infty} \frac{d_n}{n!} x^n$,则有

$$D'(x) = \sum_{n=0}^{\infty} \frac{d_{n+1}}{n!} x^n = \sum_{n=0}^{\infty} \frac{d_n}{(n-1)!} x^n + \sum_{n=0}^{\infty} \frac{d_{n-1}}{(n-1)!} x^n$$
$$= x D'(x) + x D(x),$$

所以,

$$\frac{D'(x)}{D(x)} = -1 + \frac{1}{1-x},$$

积分得到 $D(x) = \frac{1}{1-x} e^{-x+c}$。当 $x = 0$ 时,$D(0) = d_0 = 1$,从而 $c = 0$,这便求出 $D(x) = \frac{e^{-x}}{1-x}$。展开得到

$$D(x) = \frac{e^{-x}}{1-x} = \frac{1}{1-x} \sum_{i=0}^{\infty} \frac{(-1)^i}{i!} x^i = \sum_{n=0}^{\infty} \left(\sum_{r=0}^{n} \frac{(-1)^r}{r!} \right) x^n,$$

所以，
$$d_n = n! \sum_{r=0}^{n} \frac{(-1)^r}{r!}。$$

这表明任取一个 n 元排列，它是错位排列的概率为 $\dfrac{d_n}{n!}$，其极限是 e^{-1}（当 $n \to \infty$ 时），这真是个奇妙但并不显然的事实。

生成函数是我们处理数列的一个工具，根据具体的问题当然需要可以定义、好用的形式，如二元以至于多元生成函数。形象上看，生成函数就是一根晒衣绳，把我们要处理的一列数挂在上面以供讨论。我们可以自然地对生成函数做加法、减法、乘法、求导、积分等运算，而不必去考虑它们的收敛性质。

与计数的加法原理对应的是减法原理：设 A 是集合 S 的一个子集，则 A 中的元素个数等于 S 中的元素个数减去不在 A 中的元素个数。用 $\overline{A}$ 表示 A 在 S 中的补集，则减法原理即为 $|A| = |S| - |\overline{A}|$。在计数某些问题时，可能计数 $\overline{A}$ 中的元素个数比计数 A 中的元素个数相对简单，那我们就可以应用减法原理。另外，加法原理是对两个不相交的集合而言的，如果两个集合相交，则对两个集合元素个数的和来说，它们交中的元素就被计数了两次，所以，要求两个集合并中的元素个数，就需要把计数两次的元素再去掉一次，这就得到两个集合并中的元素个数等于这两个集合元素个数的和再减去这两个集合交中的元素个数。这个结论也可以自然地推广到多个集合的情形，再与减法原理结合，我们可以得到如下经典的容斥原理：设 S 为一有限集，$\mathcal{P} = \{P_1, P_2, \cdots, P_m\}$ 为一族性质。对 $[m] = \{1, 2, \cdots, m\}$ 的任一子集 I，令 A_I 表示对所有 $i \in I$，S 中满足性质 P_i 的那些元素构成的集合，特别地，当 $I = \{i\}$ 时，简记 $A_{\{i\}}$ 为 A_i。记 $\overline{A_I} = S \backslash A_I$ 为 A_I 在 S 中的补集，则集合 S 中不具有 $\mathcal{P}$ 中任何一种性质的元素个数为

$$|\overline{A_1} \cap \overline{A_2} \cap \cdots \cap \overline{A_m}|$$
$$= |S| - \sum_{1 \leqslant i \leqslant m} |A_i| + \sum_{1 \leqslant i < j \leqslant m} |A_i \cap A_j| - \sum_{1 \leqslant i < j < k \leqslant m} |A_i \cap A_j \cap A_k|$$
$$+ \cdots + (-1)^m |A_1 \cap A_2 \cap \cdots \cap A_m|$$
$$= \sum_{I \subseteq [m]} (-1)^{|I|} |A_I|.$$

下面我们用容斥原理来计算 n 元错位排列的个数 d_n。对于 n 元排列及 $1 \leqslant i \leqslant n$，定义性质 P_i 为 i 在排列的第 i 个位置（或称 i 为排列的不动点），并设 A_i 为 n 元排列中所有满足性质 P_i 的排列组成的子集，则显然 $d_n = |\overline{A_1} \cap \overline{A_2} \cap \cdots \overline{A_n}|$。对任意 $1 \leqslant i_1 < \cdots < i_k \leqslant n$，$|A_{i_1} \cap \cdots \cap A_{i_k}|$ 为具有不动点 $i_1, \cdots, i_k$ 的 n 元排列的个数，即 $|A_{i_1} \cap \cdots \cap A_{i_k}| = (n-k)!$。根据容斥原理，我们得到

$$d_n = |\overline{A_1} \cap \overline{A_2} \cap \cdots \overline{A_n}|$$
$$= |S_n| - \sum_{1 \leqslant i \leqslant n} |A_i| + \sum_{1 \leqslant i < j \leqslant n} |A_i \cap A_j| - \sum_{1 \leqslant i < j < k \leqslant n} |A_i \cap A_j \cap A_k|$$
$$+ \cdots + (-1)^n |A_1 \cap A_2 \cap \cdots \cap A_n|$$
$$= n! - n \cdot (n-1)! + \binom{n}{2}(n-2)! - \binom{n}{3}(n-3)!$$
$$+ \cdots + (-1)^n \binom{n}{n}$$
$$= n! - \frac{n!}{1!} + \frac{n!}{2!} - \frac{n!}{3!} + \cdots + (-1)^n \frac{n!}{n!}$$
$$= n! \sum_{r=0}^{n} \frac{(-1)^r}{r!}.$$

容斥原理也可以描述如下：设 S 为一有限集，$\mathcal{P} = \{P_1, P_2, \cdots, P_m\}$ 为一族性质。对于 $\mathcal{P}$ 的任一子集 Q，令 $f_=(Q)$ 表示 S 中恰有 Q 中性质的元素个数，$f_\geqslant(Q)$ 表示 S 中至少具有 Q 中性质

的元素个数，即 $f_{\geqslant}(Q) = \sum_{T \supseteq Q} f_{=}(T)$，则有

$$f_{=}(Q) = \sum_{T \supseteq Q} (-1)^{|T|-|Q|} f_{\geqslant}(T)。$$

容斥原理应用非常广泛，是计数组合学的基本原理之一，从代数的角度看，容斥原理就是要解一个线性方程组，其本质是筛法。数论中的筛法用到定义在正整数集合上的默比乌斯(Möbius)函数，类似地，容斥原理可以推广为偏序集上的默比乌斯反演理论。

群论在计数组合学中也有非常重要的应用。在很多计数问题中，等价的结构看成是一样的，如化学中的分子结构问题，而我们需要计数的是不等价的结构个数。结构的等价性可以由群的作用来定义，所以，计数转化为求一个群作用在一个集合上的轨道个数，其核心理论是轨道计数定理(orbit-counting theorem)，有时又被称为伯恩赛德引理(Burnside's lemma)或柯西-弗罗贝尼乌斯引理(Cauchy-Frobenius lemma)。雷德菲尔德(J. H. Redfield)基于此做了很多重要工作，他的一个定理，后被里德(R. C. Read)于1959年再次发现，称为雷德菲尔德-里德叠加定理(Redfield-Read Superposition Theorem)，可用来解决许多计数问题，并在计数化学同分异构体的问题中应用很广。波利亚(G. Pólya)在20世纪30年代中期的一系列文章中，结合生成函数和轨道计数定理形成了一套自己的方法，用以计数各种图和化学团，虽然他最基本的思想已经出现在雷德菲尔德的文章中，但波利亚的工作在计数图和化学分子方面仍然具有里程碑的意义。

计数中出现了很多重要的数，如我们前面已经见到的组合数(或二项式系数)、分拆数、斐波那契数、卡塔兰数，还有诸如贝尔(Bell)数、斯特林(Stirling)数(第一类和第二类)等。讨论这些重要的数组成的序列的性质，如单峰性质和对数凹性质，也是重要的研究课题。

三、图论

图论是一门古老的数学分支,主要研究用某种方式联系起来的若干事物之间的二元或多元关系。近几十年来,图论的发展十分迅速,在物理学、化学、运筹学、计算机科学、通讯理论、编码密码理论、网络理论、社会科学以及经济管理等诸多领域有着广泛的应用,受到数学界以及工业技术界越来越多的重视。

关于图论的文字记载最早出现在欧拉 1736 年的论著中,即著名的哥尼斯堡"七桥问题"。在哥尼斯堡的普莱格尔河上有 7 座桥,将河中的岛与岛、岛与河岸连接起来,如图 5(a)所示。

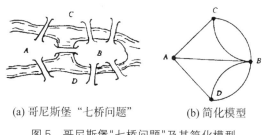

(a) 哥尼斯堡"七桥问题"　　(b) 简化模型

图 5　哥尼斯堡"七桥问题"及其简化模型

当时那里的居民热衷于一个问题,即:如何从这 4 块陆地中某一块开始,通过每一座桥恰好一次,再回到起点。这个问题似乎并不难,许多人都愿意试一试,但大家反复尝试都没有成功。欧拉在 1736 年解决了这个问题,完成了图论的第一篇论文。他用抽象分析法将这个问题转化为图论问题,即:把每一块陆地用一个点来代表,将每一座桥用连接相应的两个点的一条线来代表,从而得到一个图,如图 5(b)所示。这样,"七桥问题"就变成从一个点出发,经过每一条线恰好一次,最后返回起点。在这个过程中,中间每经过一点,总有进入那个点的一条线,也有从那个点出来的一条线,所以,除起点和终点外,这个图形中的每个点应该和偶数条线相关联,而在起点和终点重合时,这个点也应该和偶数条线相关联。在"七桥问题"画出的这个图中,A,C 和 D 这 3 个点与 3 条线相关联,而点 B 与 5 条线相关联,也就不可能做到要求的走法。即使放宽条件,不要求回到起点,只要求通过每座桥恰好一次,也是不可行的。这样,欧拉证明了这个问题没有解,进一步地,他还推广了这个问题,自己也成为图论的创始人。"七桥问题",或者称为"一笔画问题",明显看起来是个几何问题。但是,这种几何问题与我们熟悉的欧氏几何中要讨论长度、角度等性质完全不同。在"七桥问题"里,桥的准确位置、桥的长度、桥之间的距离是无关紧要的,要紧的只是这几块陆地之间有几座桥。在所画的图形中,线的长短曲直也无关紧要,要紧的是有几个点和点线之间的关联关系,欧拉把这类几何问题的研究叫做位置几何学,这也是拓扑学的一个起源。

在图论中,点有时也称为顶点,而线通常称为边。所以,图是一个二元组,通常记作 $G=(V,E)$,其中 V 是顶点的集合,也称为点集,E 是 V 的所有二元子集(无序对)组成集合的一个子集,称为边集。在图 G 中,组成边 e 这个二元子集中的顶点称为 e 的端点。对于 $u,v \in V$,若 u,v 之间有一条边,即 $\{u,v\} \in E$,则称 u 与 v 相邻,也称顶点 u,v 与这条边 $\{u,v\}$ 相关联。与顶点 v 相邻的顶点称为 v 的"邻居",v 的所有"邻居"构成的集合记为 $N(v)$,称为 v 的邻集。对于任意顶点子集 $S \subseteq V$,S 的邻集 $N(S)$ 是 S 中所有顶点的邻集的并,即 $N(S)=\bigcup_{v \in S}N(v)$。定义顶点 v 的度数 $d(v)$ 是与 v 相关联的边的个数,每个顶点的度数都相等的图称为正则图。在图 G 中,一个从顶点到顶点、点边交替出现且相邻的点和边关联的序列称为途径(walk),起点和终点相同的途径称为闭途径。边不重的途径称为迹(trail),起点和终点相同的迹称为闭迹。顶点不重复的迹称为路(path),起点和终点相同的路称为圈(cycle)。若图 G 中任两个顶点 u 和 v 间都有路相通,则称 G 为连通图。

类似于哥尼斯堡"七桥问题",遍历图中每条边的迹称为欧拉迹,一个图若包含闭的欧拉迹,则称为欧拉图。前面已经说明欧拉图中每个顶点的度数都是偶数,欧拉也指出此结论的逆依然成立,即:我们有一个连通图是欧拉图当且仅当其每个顶点的度数都是偶数,而一个连通图包含欧拉迹当且仅当其奇度数的顶点不超过 2 个。

与欧拉迹对偶的是图的哈密顿圈,即包含图的所有顶点的圈。类似地,包含图的所有顶点的路称为图的哈密顿路。一个图若包含哈密顿圈,则称这个图为哈密顿图。这种路和圈之所以用哈密顿的名字命名,是因为爱尔兰数学家哈密顿在 1856 年发明了"周游世界"玩具,用一个正十二面体的 20 个顶点表示世界上 20 个大城市,30 条棱代表这些城市之间的道路。要求游戏者从任意一个城市(即顶点)出发,沿棱行走经过每个城市一次且只经过一次,最终返回出发地。哈密顿将此问题称为周游世界问题,并且作了肯定的回答。用图的语言即为在正十二面体图(正十二面体的 20 个顶点为图的顶点,30 条棱为图的边)中找到一条哈密顿圈。图论中的一个重要问题是判断给定图是否为哈密顿图。虽然哈密顿图有一些充分条件,例如,若图中每个顶点的度数都不小于顶点数的一半,或者图中任一对不相邻的顶点的度数之和不小于顶点数,则图为哈密顿图。与欧拉图的情况相反,至今尚未找到哈密顿图的完美刻画,这成为图论研究中尚未解决的最大难题之一。另一方面,寻找一个图的哈密顿圈问题是 NP 困难(NP—hard problem)的,因此,通常都是用穷搜索的方法来判定一个图是否含有哈密顿路或圈。

图 $G=(V, E)$ 的(顶点)染色是对每个 $v \in V$ 指定一种颜色,而真染色是使得相邻的顶点有不同颜色的一种染色。图的色数是对其做真染色时所需的最少颜色数,对图的染色问题进行研究来源于四色猜想。1852 年,毕业于伦敦大学的居特里(Guthrie)在一家科研单位作地图着色工作时,发现了一种有趣的现象:每幅地图都可以只用 4 种颜色着色,就可以使得有共同边界的国家都被着上不同的颜色。把地图中每个国家用点来表示,两个国家若有共同的边界,则在对应的点之间连边,这样就得到一个图。这个图是平面图,即可把图画在平面上使得除端点外任何两条边均不相交。所以,对地图着色,使得有共同边界的国家都被着上不同的颜色即为对应图的一个真染色,而四色猜想就是每个平面图的色数均不超过 4。

居特里发现的这个现象能不能从数学上加以严格证明?他和他正在读大学的弟弟决心试一试,经过很多努力,此研究工作没有任何进展。之后他的弟弟就这个问题请教了他的老师、著名数学家德摩根(A. De Morgan)。德摩根也没有能找到解决这个问题的途径,于是写信向自己的好友、著名数学家哈密顿爵士请教,但直到 1865 年哈密顿逝世,问题也没有能够解决。1872 年,英国当时最著名的数学家凯莱(Cayley)正式向伦敦数学学会提出这个问题,于是,四色猜想成为世界数学界关注的问题,世界上许多一流的数学家都纷纷参与其中。1879 年,肯普(Kempe)在美国数学杂志发表了他对四色猜想的证明,但 1890 年希伍德(Heawood)以自己的精确计算指出肯普的证明是错误的,并且证明了五色定理,即平面图的色数不超过 5。至此人们认识到,这个简洁直观且貌似容易的问题其实是一个可与费马猜想相媲美的难题。进入 20 世纪以来,科学家对四色猜想的证明基本上是按照肯普的想法在进行。电子计算机问世以后,由于演算速度迅速提高,加之人机对话的出现,大大加快对四色猜想证明的进程。1976 年,美国数学家阿佩尔(Appel)与哈肯(Haken)在美国伊利诺斯大学的两台电子计算机上,用了 1 200 个小时,作了 100 亿次判断,终于完成了四色猜想的证明,使其成为四色定理。1997 年罗伯逊(N. Robertson)等人简化了阿佩尔和哈肯的证明,但证明过程仍需借助于计算机。很多数学家并不满足于计算机取得的成就,他们认为应该有一种简捷的逻辑证明方法,直到现在,数学家仍在努力寻求一个纯粹的数学证明。

图 $G=(V, E)$ 的补图为 $\overline{G}:=(V, \overline{E})$,其中 $\overline{E}=\binom{V}{2} \setminus E$ 为 E 在

$\binom{V}{2}$ 中的补集,其中 $\binom{V}{2}$ 表示 V 的所有二元子集构成的集合。对于图 $G' = (V', E')$ 和 $G = (V, E)$,若 $V' \subseteq V$ 且 $E' \subseteq E$,则称 G' 是 G 的子图,记为 $G' \subseteq G$。称子图 G' 是 G 的导出子图,若对任意的 $u, v \in V'$,只要 $\{u, v\} \in E$,就有 $\{u, v\} \in E'$。任意两顶点均相邻的图称为完全图,而图 G 的最大完全子图的顶点数称为 G 的团数。显然对于图的任意真染色,它的完全子图中的顶点必须着不同的颜色,所以,任意图的色数一定不小于它的团数。法国数学家、文学家与雕刻艺术师伯杰(Berge)在 1961 年引入一个带有"遗传性质"的概念"完美"(perfect),即要求色数和团数这两个参数"处处"相等。若图 G 的每个导出子图 H 的色数都等于 H 的团数,则称图 G 为完美图。伯杰于 1963 年提出弱完美和强完美这两个完美图猜想:1972 年罗瓦兹(Lovász)证明了弱完美图定理,即图 G 是完美图当且仅当其补图 $\overline{G}$ 是完美的;2006 年丘德诺夫斯基(Chudnovsky)等 4 人证明了强完美图定理,图 G 是完美图当且仅当图 G 和它的补图 $\overline{G}$ 中都不含有长度至少为 5 的奇圈(含有奇数个顶点的圈)作为导出子图。强完美图定理给出完美图的具体结构性质,由此可以立即得到弱完美图定理。完美图的应用十分广泛,如它和信息论里的仙农(Shannon)容量有关。

对于图 $G = (V, E)$,设 $M \subseteq E$ 是一些边的集合,若 M 中的任意两条边均没有公共端点,则称 M 是 G 的一个匹配。若匹配 M 中的某条边与顶点 v 关联,则称 M 覆盖 v。对图 G 的一个匹配 M,若 M 覆盖 G 的所有顶点,则称 M 为 G 的一个完美匹配。显然,完美匹配中边的条数恰为图的顶点数的一半,所以,图存在完美匹配的一个明显的必要条件是图中有偶数个顶点。若图 G 的顶点集可划分为两个非空子集 X 和 Y,使得任一条边都有一个端点在 X 中,另一个端点在 Y 中,则称 G 为二部图,记作 $G = X \triangle Y$,也称 X 和 Y 为 G 的一个二部划分。显然,若二部图 $G = X \triangle Y$ 存在完美匹配,则一定有

$|X|=|Y|$。可以证明正则二部图一定存在完美匹配。

一个图可能没有完美匹配,但寻找图中的最大匹配依然是非常必要的。1935 年霍尔(P. Hall)给出关于二部图匹配的霍尔定理:二部图 $G=X\triangle Y$ 存在覆盖 X 中每个顶点的匹配当且仅当对任意 $S\subseteq X$,均有 $|N(S)|\geqslant |S|$,其中 $N(S)$ 为 S 的邻集。霍尔定理也有其他的表述形式,与离散数学的许多分支都有关联,甚至在经济学、选举政治学里也有它的应用,如下面的相异代表系。设 S_1, S_2, $\cdots$, S_m 是一族集合,它们的一个相异代表系就是一个 m-元集合 $\{x_1, x_2, \cdots, x_m\}$,满足如下条件:(a) $x_i \in S_i$, $i=1, 2, \cdots, m$(即它们是"代表");(b) 对任意 $1\leqslant i\neq j\leqslant m$ 有 $x_i\neq x_j$("代表"互不相同,尽管 $x_i \in S_j$ 是允许的)。设顶点集 X 为集合 $\{S_1, S_2, \cdots, S_m\}$,顶点集 $Y=\bigcup_{j=1}^m S_j$,对于 X 中的每个顶点 S_i,定义 S_i 与它里面的所有元素(在 Y 中)相邻,则我们得到一个二部图 $G=X\triangle Y$,而 $S_1, S_2, \cdots, S_m$ 的一个相异代表系就是图 G 的覆盖 X 中每个顶点的匹配中的边在 Y 中端点的集合。从而霍尔定理可以叙述如下:有限集合族 $S_1, S_2, \cdots, S_m$ 存在相异代表系当且仅当对任意 $J\subseteq\{1, 2, \cdots, m\}$,$|S(J)|\geqslant |J|$,其中 $S(J)=\bigcup_{j\in J}S_j$。霍尔定理也被称为婚姻定理,这来源于如下的浪漫问题:一群男士和女士在一起,假如每位女士都喜欢一些男士(可能有交集),怎样的条件才能够保证每位女士都能和某位自己喜欢的男士结婚?读者自然很容易知道答案。

我国的专家学者在图论领域做出很多贡献,下面仅列出两项工作。笔者的博士导师万哲先院士于 1958 年给出我国物资调拨人员在实际工作中创造的解运输问题的图上作业法的理论证明,并进行推广应用,这应该是我国最早的图论领域的研究成果。1958 年第四季度《人民日报》报道了这项工作,这项工作还获得 1978 年全国科技大会重大科技成果奖。

图论中带有中国名字的著名问题是"中国邮递员问题":邮递员

每天从邮局出发,走遍该地区所有街道再返回邮局,邮递员应如何安排送信的路线,可以使所走的总路程最短?我们用顶点表示交叉路口,用边表示街道,则可以得到一个图。由于问题中涉及邮递员所走路程的长短,对图的每条边要根据街道的长度进行赋值,这样的图就是一个赋权图。"中国邮递员问题"可以用图论语言叙述如下:在一个具有非负权的赋权连通图中,找出一条权最小的闭途径。若此图是欧拉图,则显然此图的欧拉闭迹就是最短路径,从而可以利用弗勒里(Pleury)于 1883 年给出的在欧拉图中找出一个欧拉闭迹的算法给出。若图不是欧拉图,则可以适当地在图中加一些重边(重边所带的权不变),使其变成一个欧拉图再求解。"中国邮递员问题"由我国数学家管梅谷教授于 1960 年提出并给出了解法——奇偶点图上作业法。

20 世纪中叶以后,由于生产管理、军事、交通运输、计算机网络等领域的需要,出现了很多的离散问题,而图论可为这些离散问题的研究提供数学模型。特别是近代电子计算机的出现和发展,促使图论及其应用迅猛发展。图论与线性规划、动态规划等优化理论的内容和方法相互渗透,促进了组合优化理论和算法的研究。当前应用图论来解决化学、物理学、生物学、运筹学、网络理论、信息论、控制论、经济学、社会科学等学科的问题,已显示出极大的优越性。同时,对图论中古老问题以及趣味问题(如最短路问题、旅行售货商问题、"中国邮递员问题"等)的研究,促进了图论自身的发展。再如,四色问题虽然目前借助电子计算机已被解决,然而四色问题本身的研究对图的染色理论、平面图理论、拓扑图论等分支的发展起到极大的推动作用。近 30 年来,由罗伯逊和西摩(P. D. Seymour)提出的图子式理论得到极大的发展,借助图子式理论可对图的结构进行很好的刻画。自 20 世纪 40 年代厄尔多斯(P. Erdös)首次引入概率方法以来,概率方法也在图论中得到深入的发展,并且日渐成为研究中的一个有力工具。

由于研究方法和内容的不同,图论已产生若干分支,如代数图论、极值图论、随机图论、拓扑图论、应用图论等。

北京大学数学科学学院　冯荣权

图书在版编目(CIP)数据

数学之外与数学之内.Ⅲ/田刚,吴宗敏主编. —上海:复旦大学出版社,2021.4(2024.5重印)
中国科协 教育部"英才计划"项目
ISBN 978-7-309-15461-0

Ⅰ.①数… Ⅱ.①田… ②吴… Ⅲ.①中学数学课-教学研究 Ⅳ.①G633.602

中国版本图书馆 CIP 数据核字(2020)第 271044 号

数学之外与数学之内.Ⅲ
田 刚 吴宗敏 主编
责任编辑/梁 玲

复旦大学出版社有限公司出版发行
上海市国权路 579 号 邮编:200433
网址: fupnet@fudanpress.com   http://www.fudanpress.com
门市零售: 86-21-65102580   团体订购: 86-21-65104505
出版部电话: 86-21-65642845
上海新艺印刷有限公司

开本 890 毫米×1240 毫米 1/32 印张 7.375 字数 192 千字
2024 年 5 月第 1 版第 2 次印刷

ISBN 978-7-309-15461-0/G·2196
定价: 30.00 元

如有印装质量问题,请向复旦大学出版社有限公司出版部调换。
版权所有 侵权必究